Coleção Dizer a Palavra

Pedagogia do Compromisso
América Latina e Educação Popular

PAULO FREIRE

Coleção Dizer a Palavra

Pedagogia do Compromisso
América Latina e Educação Popular

1ª Edição
Indaiatuba - SP
2008

VILLA DAS LETRAS
EDITORA

Paulo Freire.

PEDAGOGIA DO COMPROMISSO: América Latina e Educação Popular
Volume 2 da Coleção Dizer a Palavra

Tradutoras: Lílian Contreira e Miriam Xavier de Oliveira.
Organização, notas e supervisão das traduções: Ana Maria Araújo Freire.
Coordenador da edição: Ricardo Araújo Hasche.
Diagramação: Silvia Bakhos Palma
Revisão: Danilo Tomesani
Capa: Mapa Comunicação Integrada

CIP-BRASIL. CATALOGAÇÃO-NA-FONTE
SINDICATO NACIONAL DOS EDITORES DE LIVROS, RJ

F934p
Freire, Paulo, 1921-1997
Pedagogia do compromisso: América Latina e educação popular/Paulo Freire ; organização, notas e supervisão das traduções Ana Maria Araújo Freire; tradutoras Lílian Contreira e Miriam Xavier de Oliveira. - 1.ed. - Indaiatuba, SP: Villa das Letras, 2008.
144p. - (Dizer a palavra; v.2)
Conteúdo parcial: El grito manso / Paulo Freire
ISBN 978-1105-30-4
1. Freire, Paulo, 1921-1997. 2. Freire, Paulo, 1921-1997 - Entrevistas. 3. Educação popular.
I. Freire, Paulo, 1921-1997. El grito manso. II. Freire, Ana Maria Araújo. III. Título. IV. Série.

08-2319. CDD: 370

CDU: 37
09.06.08 10.06.08 007054

Índices para catálogo sistemático: ISBN 978-85-99911-02-0

Está rigorosamente proibida qualquer utilização, reprodução e/ou comercialização desta obra, no todo ou em parte, sob qualquer forma ou meio, sem a prévia e expressa autorização da detentora dos direitos de autor e da Editora.

© 2008 Ana Maria Araújo Freire

Direitos para esta edição:
Editora e Livraria Villa das Letras Ltda.
R. Hércules Mazzoni, 1195 - Sala 2
13330-250 - Indaiatuba - SP
editora@villadasletras.com.br
www.villadasletras.com.br
Fone: (19) 3017 0306

Impresso no Brasil em Agosto de 2008

Dedicatória

Aos meus queridos amigos, que de Paulo me vieram, que tanto lutaram, *com* e como ele, com horadez, seriedade e amorosidade por uma verdadeira Educação Popular, Jesús Javier Gómez Alonso — Pato —, José Carlos Barreto e Carlos Nuñez Hurtado, com meu reconhecimento e minhas saudades.

Nita
Ana Maria Araújo Freire

Sumário

Apresentação: Ana Maria Araújo Freire .... pg. 9

Prefácio: Pedro Pontual .... pg. 13

PARTE I: ARGENTINA .... pg. 17

A presença de Paulo Freire na Universidad Nacional de San Luís: .... pg. 17

Discurso: .... pg. 17
  Sinto-me feliz e desfiado .... pg. 17

Seminários sobre Pedagogia Crítica: .... pg. 21
  Prática da Pedagogia Crítica .... pg. 21
  Elementos da Situação Educativa .... pg. 29
  A luta não se acaba, se reinventa: perguntas dos participantes e respostas de Paulo Freire .... pg. 39

Entrevista à imprensa: .... pg. 47
  A confrontação não é pedagógica e sim política .... pg. 47

PARTE II: CHILE .... pg. 55

Entrevistas a Boris Bezena: .... pg. 55
    Sem medo de amar .... pg. 55
    Educar para a liberdade .... pg. 59

PARTE III: NICARÁGUA .... pg. 63

Manifesto: .... pg. 63
    10 anos de Revolução Popular Sandinista ....pg. 63

PARTE IV: PARAGUAI .... pg. 67

Seminário Dialogando com Paulo Freire: .... pg. 67
    Educação Popular na América Latina: contextualização
e possibilidades nos processos de transição .... pg. 67
    Debate .... pg. 79
    Educação Popular no Paraguai: nossas perguntas a
Freire .... pg. 95

PARTE V: URUGUAI .... pg. 119

Entrevistas: .... pg. 119
    Sobre educação, política e religião .... pg. 119
    Diálogo sobre educação, televisão e mudança social .... pg. 127

Apresentação

Quando o meu grande amigo Roberto Iglesias — e mais ainda querido e admirado amigo de Paulo — me propôs organizar um livro com os trabalhos que marcaram a presença de meu marido em San Luís nas solenidades da outorga de seu doutoramento Honoris Causa e nas que se sucederam a esta, respondi a ele com convicção e alegria: sim! Tato Iglesias — como é conhecido este homem de amorosidade e cumplicidade, assim como Paulo, com relação aos explorados e oprimidos — convidou, então, seus pares da Universidad de San Luis, da Argentina, onde é professor, a publicarem juntos o registro desse momento. Surgiu assim o livro El grito manso, em 2003.

O livro é pequeno em seu tamanho, mas denso e sério como merece ser uma obra de e em torno de Paulo Freire e organizada pelo criador da "Universidad Trashumante", que tem como objetivo levar a palavra certa, o compromisso da mudança social e a ajuda libertadora aos oprimidos e oprimidas da Argentina.

Nos últimos anos alguns brasileiros e brasileiras que tinham conhecido esta obra na língua espanhola começaram a me perguntar: "Por que não o traduz para o português?" Passei, então, a perguntar-me esta mesma pergunta. Daí decidi que seria importante fazer conhecido pelos leitores e leitoras do Brasil os textos de Paulo, e somente estes, contidos no *El grito manso*.

Se ele é um livro pequeno, ficou menor ainda com os cortes que fiz. Relutei, então, em fazê-los, mas os mantive porque venho tendo como princípio maior dar voz a Paulo. Assim, prioritariamente deixei ele "dizer a sua palavra" e "convidei" outras vozes com suas perguntas e ou simples comentários para colaborarem, adjetivamente, nesta publicação.

Abriu-se assim o momento que eu esperava: publicar uma obra de Paulo louvando a sua, a nossa latino-americanidade, que se já é reconhecida por muitos de nós, ainda falta bastante para uma compreensão mais crítica dessa nossa natureza histórica, cultural e política comum e da necessidade do reconhecimento disso, por nós brasileiros e brasileiras, para uma aliança mais forte de solidariedade, de cumplicidade e de tolerância entre as diversas culturas das nações que formam a América Latina. Negando a unidade latino-americana perdemos a possibilidade de vivermos e nos enriquecermos na interculturalidade existente nela.

Assim, *El grito manso* afunilou-se com os cortes mencionados, mas ao mesmo tempo alargou-se. Alargou-se na abrangência geográfica — trabalhos feitos por Paulo no Chile, Paraguai e Uruguai, além dos na Argentina, e, mais um trabalho escrito especialmente para o povo da Nicarágua — e marcou mais destacadamente o tema tão grato a Paulo e um dos que despertam em todos e todas nós educadores e educadoras progressistas uma preocupação política mais do que pedagógica: a Educação Popular. Nestes textos a praticada na América Latina.

A presença de Paulo no Chile, a única desde o bárbaro e sangrento Golpe de Estado liderado pelo ditador Augusto Pinochet (1973-1990) contra o povo chileno, se deve a inúmeros convites de organizações e instituições diversas das quais destaco o "Centro El Canelo de Nos", um centro de educação popular, onde ocorreram as entrevistas publicadas neste livro.

O convite para Paulo ir ao Paraguai e a organização dos Seminários, dos quais parte estão publicados neste livro, que versaram fundamentalmente em torno da educação popular, foram do "Colectivo CEAAL-Py" (Conselho de Educação de Adultos da América

Latina — Paraguai), "Redicoop" (Confederação de Cooperativas do Caribe e América Central) e "Decidamos" (Campanha pela Expressão cidadã), ONG criada dias depois do golpe de Estado que derrocou a ditadura do Gen. Alfredo Stroessner (1954-1989). A ida de Paulo ao Uruguai foi uma iniciativa do C.I.D.C. (Centro de Investigaciones y Desarrollo Cultural), durante os festejos de seus 15 anos de funcionamento. Os trabalhos aqui publicados foram transcritos do livro — feito para esta comemoração — de nome *Paulo Freire: conversando com educadores.*

Nos 10 anos da Revolução Sandinista Paulo escreveu um Manifesto com este título, que consta neste livro, em homenagem ao povo nicaraguense. O nome vem do guerrilheiro Augusto César Sandino (1895-1934), líder da rebelião contra a presença militar norte-americana na Nicarágua entre 1927 e 1933, executado pelo presidente Anastásio Somoza, que tomou o poder e foi ditador por mais de 40 anos. Sandino é um herói em grande parte da América Latina. Somoza foi deposto pela F.S.L.N. (Frente Sandinista de Libertação Nacional), em 1979.

Alguns temas tratados por Paulo Freire aparecem mais de uma vez, pois eles foram falados em espaços e tempos diferentes, têm especificidades próprias por isto não podem ser consideradas repetições. Guardam assim autonomia entre si, foram pronunciados sob ângulos diferentes de abordagem.

Fiz questão de guardar neste livro a linguagem coloquial, pois todos estes textos, com exceção do elaborado para a Nicarágua, escrito de próprio punho, têm como origem entrevistas faladas, discursos e conferências feitos de improviso por meu marido nos países citados da América Latina. Assim, mantendo-me fiel a ele, à sua peculiar forma de falar em público, entrego aos seus e suas leitoras, sobretudo aos e às dos movimentos sociais que se preocupam e praticam a educação popular, um livro ágil, leve e fácil de ser lido, mas com profundas reflexões e indubitável compromisso ético para com os destituídos, explorados e oprimidos latino-americanos.

A *Pedagogia do compromisso*: América Latina e educação popular é isso. Essa é sua história. Lastimo não me ter sido possível incluir um número maior de textos de Paulo falados e relacionados com mais outros países da América Latina, simplesmente porque não os tenho.

São Paulo, 11 de abril de 2008

Nita
Ana Maria Araújo Freire

Prefácio

A edição de *"Pedagogia do Compromisso:* América Latina e educação popular" coincide com a realização em toda América Latina e em outras partes do mundo de inúmeros eventos e seminários que celebram os 10 anos de ausência/presença de Paulo Freire e da atualidade do seu pensamento. A grande participação nestas iniciativas de educadores e educadoras das mais diversas gerações demonstra que a sua ausência do nosso convívio, não diminui a força da presença de suas idéias e do testemunho de coerência que marcou sua prática como educador e como ser humano.

Esta coletânea de textos, que apresenta de modo muito vivo, diversos diálogos de Freire em suas andanças pela América Latina (neste caso, sobretudo pelos países do Cone Sul) mostra uma das características essenciais do seu discurso que é ao mesmo tempo fortemente contextualizado historicamente e carregado de significados que transcendem o momento em que foi pronunciado.

Nos textos que compõe este livro datados do final dos anos 80 e início dos anos 90 Freire posiciona-se claramente em relação às perversidades do pensamento neoliberal e às causas da derrocada das experiências socialistas do leste europeu e, ao mesmo tempo reafirma suas convicções nada ingênuas em relação á politicidade da educação, ao seu sentido ético e estético e ao significado da esperança como motor da prática de educadores(as) progressistas.

Os momentos aqui resgatados mostram também a facilidade com que Freire transitava em meio aos mais diferentes tipos de públicos com uma forte disposição de diálogo e com grande capacidade de combinar rigorosidade metódica com afetividade por seus interlocutores. Tendo tido a oportunidade de me reunir posteriormente com diversos destes grupos sempre me chamou a atenção que o relato dos participantes destes diálogos com Freire sempre evocava não apenas a força das suas idéias, mas a exemplaridade da sua disposição ao diálogo e a afetividade no relacionamento humano com os participantes.

Tomando como referência o contexto vivido pelos países do Cone Sul da América do Sul no início dos anos 90 marcados de um lado por processos de redemocratização limitados após longos períodos de ditaduras militares e por outro, pela hegemonia das políticas e do pensamento neoliberal o discurso de Freire de um lado faz a denúncia do caráter imobilista e fatalista de tal pensamento e por outro faz o anúncio da necessidade de reafirmar o sentido político da educação, de reviver a esperança na possibilidade de mudança de tal ordem e de enfatizar o compromisso da educação com os processos de radicalização da democracia e constituição de uma cidadania ativa em nossas sociedades. Nas suas intervenções ele também demonstra seu distanciamento em relação às experiências socialistas do leste europeu, sobretudo pela condução autoritária e burocratizante que as caracterizou e pelo dogmatismo que marcou algumas das formulações de seus dirigentes. Mas ao mesmo tempo reafirma sua convicção no sonho possível de construção de um socialismo democrático como possibilidade histórica em nossas sociedades. A afirmação de suas convicções políticas sempre se fez com profundo respeito pelos adversários e pelo direito á diferença e numa recorrente crítica ao sectarismo.

Neste contexto pode-se compreender a forte identidade e influência exercida por Paulo Freire no terreno das práticas da educação popular em toda América Latina que desde os princípios dos anos 60 do século passado foram se constituindo em significativo movimento de educação e cultura que vem contribuindo para alargar os processos de redemocratização no continente na direção de sociedades mais justas e eqüitativas e fortalecendo o protagonismo dos setores populares através de seus sujeitos coletivos, com especial destaque para os movimentos sociais.

A criação da rede CEAAL (Conselho de Educação de Adultos da América Latina) em princípios dos anos 80, que teve Paulo Freire como seu primeiro presidente e que conta hoje com aproximadamente 200 ONGs afiliadas em 21 países do continente é um dos espaços latino-americanos em que as proposições de Freire seguem sendo até hoje uma referência fundamental no esforço de reinventar as práticas de educação popular e seus paradigmas à luz dos novos desafios deste início de novo milênio

Uma das contribuições mais importantes de Paulo Freire e da corrente da educação popular, que nele teve suas inspirações fundamentais, foi a de desenvolver uma visão do fenômeno educativo num espaço mais abrangente que o da escola sem nunca recusar sua importância como instituição educativa. As reflexões de Freire sobre as práticas educativas no interior dos movimentos sociais, das diversas formas de sociabilidade e convivência dos grupos populares, na ação dos partidos políticos, nas práticas dos governos, nas distintas manifestações da cultura popular têm dado inegável consistência à necessidade de pensar o educativo num âmbito mais abrangente que o da escola.

Vale observar, no entanto, que Paulo Freire não atribuía nenhum juízo de valor ou peso hierárquico de maior relevância àquelas práticas educativas que ocorrem para além da escola. Ao contrário, há uma forte preocupação em seus escritos em não cindir a prática educativa na reflexão sobre a Educação Popular e, assim, não cair nas armadilhas daquelas definições que identificaram Educação Popular com o "não formal", ou como prática "para-escolar" ou como propositora de uma "sociedade sem escolas". O discurso de Freire sempre dirigido aos educadores e educadoras que atuam tanto na escola como em outros âmbitos da prática social, colocam-nos frente à necessidade de compreender a Educação Popular como um conjunto de práticas e formulações que permeiam diferentes âmbitos das relações sociais, sem deixar de reconhecer a especificidade das diversas práticas e dos distintos espaços onde elas se desenvolvem. A referência constante á sua marcante passagem pela Secretaria Municipal de Educação da cidade de São Paulo na gestão da prefeita Luiza Erundina (PT de 1989 a 1992) mostra os compromissos e desafios daquela experiência que teve como plataforma pedagógica o enunciado: *Construindo uma educação pública, democrática e popular*. O crescimento do atual movimento das Cidades Educadoras ao reivindicar que todos os espaços e equipamentos urbanos tornem-se espaços educativos é, hoje, uma das expressões desta compreensão alargada da prática educativa.

Neste momento de importante virada democrática na América Latina e em que diversos atores da sociedade civil discutem a necessidade de um processo de integração que supere os estritos limites dos mercados e incorpore fortemente novas práticas de cidadania, de democracia e de sustentabilidade, a educação popular está novamente desafiada a exercer seu protagonismo na construção destas novas possibilidades históricas de mudança. E, sem dúvida as proposições de Freire nos ajudam muito a construir matrizes integradoras de novas práticas da educação popular que respondam aos desafios dos novos ventos que sopram, sobretudo neste cone sul do nosso continente.

Mais do que nunca é necessária uma *pedagogia do compromisso* como concretização da esperança transformadora que anima as práticas de educação popular que partem de uma *indignação* diante desastrosas conseqüências do projeto neoliberal e afirmam a possibilidade da *construção de sonhos possíveis* de sociedades mais justas, com equidade, substantivamente democráticas e sustentáveis.

Pedro Pontual
Setembro de 2007

Parte I
Argentina

A presença de Paulo Freire na Universidad Nacional de San Luís:

Discurso:
Sinto-me feliz e desafiado.[1]

Minhas primeiras palavras, cheias de gratidão, vão dirigidas a Nélida Esther Picco, a Reitora da Universidade, a Germán Arias, Decano da Faculdade de Ciências Humanas, e sobretudo ao Professor "Tato" (Roberto Iglesias), a quem aprendi a querer bem há muitos anos, desde sua estada em São Paulo, quando nos víamos quase todos os dias, conversávamos e trabalhávamos juntos. Desde então, foi sempre uma alegria para mim ter notícias suas, que me estimulavam por sua persistência e sua vontade. Juntamo-nos no sonho de mudar o mundo.

---

[1] Discurso pronunciado na Universidad de San Luís – Argentina – em agradecimento pela entrega do título *Doutor Honoris Causa*, em 16 de agosto de 1996. AMAF.

Antes de tudo, eu gostaria de pedir desculpas porque já faz algum tempo que não falo meu *portunhol* e estou tendo um pouco de dificuldade para reencontrar o exercício de uma língua que não é a minha. Alguns pensam que espanhol é português mal falado, ou que o português é o espanhol mal falado, porém não é não, são línguas diferentes. Convenci-me disso no Chile, quando meu filho menor, depois de me haver visto dando uma aula, me disse: "Puxa, Papai, como você continua falando mal o espanhol". E estava certo. Porém agora, pouco a pouco, estou retomando a minha experiência de falar em *portunhol*.

Como agradecer a vocês, que se reuniram aqui para este momento de festa, de carinho, de homenagem? Uma possibilidade, que descarto de antemão, seria de aproveitar este encontro fraternal para infligir-lhes uma palestra acadêmica. Pegar o microfone e falar uma hora e meia sobre os valores da educação. Seria horrível, ainda que as aulas acadêmicas sejam necessárias, fundamentais. Se não fosse pelas conversas acadêmicas não estaríamos aqui.

Minha posição não é de rechaçar a academia, porque de alguma maneira somos acadêmicos. O que não somos é academicistas. Todas as coisas têm seu tempo, sua oportunidade e creio que este não é o momento para uma aula acadêmica, ainda que seja, esta nossa conversa, uma conversa séria, como foram sérias as conversas que ouvimos anteriormente. Outra possibilidade seria pegar o microfone, dizer "muito obrigado, estou encantado" e ir-me embora.

Isso, além de má educação, seria uma atitude agressiva, pretensiosa e arrogante que obviamente também rechaço. De maneira que vou preferir dizer algumas palavras de agradecimento, de reconhecimento, do que significa para mim e para Nita uma festa como esta: um desafio enquanto responsabilidade.

E dizer-lhes também que fatos como este me enchem de alegria. Eu gosto disso. Para que uma pessoa diga que se sente mal com festas como estas é preciso que esteja doente, ou que seja mentirosa. Sempre digo que me sinto uma pessoa imensamente carente e creio que uma das minhas melhores virtudes é este sentimento de carência, da necessidade do outro e da outra. Jamais me senti bastando-me a mim mesmo. Necessito de outros. E é talvez, por isso, que posso entender que os outros também necessitem de mim. Esta festa, esta quantidade de gente, as palavras que escutei, tudo isto não me dá direito à arrogância. Ao contrário, sinto-me contente e feliz. Diria ainda: que venham outros doutoramentos! Digo isto com simplicidade e sem vergonha porque me sinto desafiado. Quanto mais homenagens como esta eu receba, mais sinto o dever de ser responsável. O doutoramento *Honoris Causa* não se dá a qualquer um. Se dá por algo. É necessário saber se ele se justifica do ponto de vista do respeito à verdade, à história, à ciência, do ponto de vista ético. Em um mundo que nos resta pouca vergonha é preciso saber se a universidade que outorga um doutoramento não está cometendo um erro.

Estou convencido de que esta Universidade não está cometendo um erro ao me homenagear. E digo isso porque tenho horror à falsa modéstia. Para mim, a falsa modéstia é pior que a imodéstia. Quando eu era jovem escutava um orador que começava dizendo: "não deveria ser eu a receber este prêmio, mas sim alguém mais competente que eu". Sempre me perguntava, por que então ele não se vai? Por que aceitou vir? Entendo esta festa como um chamado à responsabilidade. Da mesma maneira que a Universidade reconhece hoje o que venho dizendo e fazendo por muitos anos, da mesma maneira pode retirar simbolicamente o doutoramento no dia de amanhã se eu trair o meu passado, meu presente e me desmentir. Eu procuro forças mais no reconhecimento que me dá a Universidade do que em mim mesmo. Busco em vocês a força que necessito para não trair os princípios que levaram a Universidad de San Luís a me homenagear.

Quando digo "bem-vindos os doutoramentos", digo porque quantos mais doutoramentos eu tenha, tanto mais humildemente responsável me sentirei. Por tudo isso, lhes agradeço. Apreciei muito a referência que fizeram à *Pedagogia da esperança*[2]. Estou com setenta e cinco anos, com alguma dificuldade do ponto de vista do corpo. Estou atravessando uma espécie de separação da mente e do corpo, como se a minha mente tivesse vinte e cinco anos quando

---

[2] Editora Paz e Terra, 12ª. edição, Prefácio de Leonardo Boff, Notas de Ana Maria Araújo Freire.SãoPaulo: 2005. AMAF.

sei que o meu corpo tem setenta e cinco e sabendo por antecipação que o corpo não poderá acompanhar a mente. Vocês não sabem o que significa ter vontade de fazer algo e não ter os recursos para fazê-lo. Por exemplo, trabalhar de noite: já quase não posso fazê-lo. Para concluir, quero dizer-lhes que como educador político, como homem que pensa a prática educativa, sigo profundamente esperançoso. Rechaço o imobilismo, a apatia, o silêncio. Digo em meu último livro, a *Pedagogia da autonomia*[3], que não estou esperançoso por capricho, mas sim por condicionamento ditado pela minha natureza humana. Não é possível viver plenamente como ser humano sem esperança. Conservem a esperança!.

Muito obrigado!

---

[3] Ed. Paz e Terra, 36ª. edição, São Paulo, 2007. Edição comemorativa da publicação de 1 milhão de exemplares, em setembro de 2007. AMAF.

Seminários sobre Pedagogia Crítica:

Prática da Pedagogia Crítica[4]

Antes de tudo quero agradecer esta demonstração de afeto, de gente que veio de longe, viajando horas, mesmo sabendo que o tempo que temos à disposição seria escasso. A segunda coisa que quero agradecer é o silêncio. Isso me ajuda para poder falar. Nesta tarde vamos tratar o tema da "Prática Educativa", de como vimos compreendendo ou tentando compreender esta prática como nosso compromisso com a vida e o mundo.

Antes de tudo, não é possível exercer a tarefa educativa sem nos perguntarmos, como educadores e educadoras, qual é nossa concepção do homem e da mulher. Toda prática educativa implica na indagação: que penso de mim mesmo e dos outros? Faz tempo, em *Pedagogia do oprimido*, analisei o que ali denominava a busca do Ser Mais. Nesse livro defini o homem e a mulher como seres históricos que se fazem e se refazem socialmente. E a experiência social a que em última instância nos faz, que nos constitui, como estamos sendo. Eu gostaria de insistir neste ponto: os homens e as mulheres, enquanto seres históricos, são seres incompletos,

---
[4] Encontro realizado em 17 de agosto de 1996 no Estádio Desportivo de San Luís, com a presença de três mil e quinhentas pessoas, educadores e educadoras vindas das cidades vizinhas, que se agruparam aos e às de San Luís. AMAF.

inacabados ou inconclusos. A inconclusão do ser não é, por outro lado, apenas a da espécie humana. Abarca também a cada espécie vital. O mundo da vida é um mundo permanentemente interminado, em movimento. Entretanto, em determinado momento de nossa experiência histórica, nós, mulheres e homens, conseguimos fazer de nossa existência algo mais que meramente viver. Em certo sentido, os homens e as mulheres inventam o que chamamos de existência humana: nos pusemos de pé, liberamos as mãos e a liberação das mãos é, em grande parte, responsável pelo que somos.

A invenção de nós mesmos como homens e mulheres foi possível graças ao fato de que liberamos nossas mãos para usá-las em outras coisas. Não temos data desse evento que se perde no fundo da história. Fizemos essa coisa maravilhosa que foi a invenção da sociedade e a produção da linguagem. E foi aí, nesse preciso momento, no meio desse e outros "saltos" que demos, que nós, mulheres e homens, alcançamos esse momento formidável que foi compreender que somos interminados, inconclusos, incompletos. As árvores e os outros animais também são incompletos, porém não se sabem incompletos. Os seres humanos ganham com isto: sabemos que somos inacabados. E é precisamente aí, nesta forma radical da experiência humana, que reside a possibilidade da educação. A consciência da nossa incompletude criou o que chamamos de "educabilidade do ser". A educação é então uma especificidade humana.

Este inacabamento consciente de si mesmo é o que nos vai permitir perceber o *não-eu*. O mundo é o primeiro *não-eu*. Você, por exemplo, é um *não-eu* de mim. É a presença do mundo natural como *não-eu* que vai atuar como um estímulo para desenvolver o *eu*. E nesse sentido, é a consciência do mundo que cria a minha consciência. Conheço o diferente de mim e nesse ato me reconheço. Obviamente, as relações que começaram a estabelecer-se entre o *nós* e a *realidade objetiva* abriram uma série de interrogações, e essas interrogações levaram a uma busca, a um intento de compreender o mundo e compreender nossa posição nele. É nesse sentido que uso a expressão *leitura de mundo* como precedente à *leitura da palavra*. Muitos séculos antes de saber ler e escrever os homens e mulheres estiveram inteligindo o mundo, captando-o, compreendendo-o, lendo-o. Essa capacidade de captar a objetividade do mundo provém de uma característica da experiência vital que nós chamamos de "curiosidade". Se não fosse pela curiosidade, por exemplo, não estaríamos aqui hoje. A curiosidade é, junto com a consciência da incompletude, o motor essencial do conhecimento. Se não fosse pela curiosidade não aprenderíamos. A curiosidade nos empurra, nos motiva, nos leva a desvelar a realidade através da ação. Curiosidade e ação se relacionam e produzem diferentes momentos ou níveis de curiosidade. O que procuro dizer é que em determinado momento, empurrados por sua própria curiosidade o homem e a mulher em processo, em desenvolvimento, se reconhecem inacabados e a primeira conseqüência disso é que o ser que se sente inacabado entra em um processo permanente de busca. Eu sou inacabado, a árvore também é, porém eu sou mais inacabado que a árvore porque eu sei que sou. Como conseqüência quase inevitável de saber que sou inacabado, me insiro em um movimento constante de busca, não de busca pontual disto ou daquilo, mas sim de busca absoluta, que pode levar a busca de minha própria origem, que pode levar-me a uma busca do transcendental, a uma busca religiosa que é tão legítima como uma busca não-religiosa. Se há algo que contraria a natureza do ser humano é a não-busca e portanto a imobilidade. Quando digo imobilidade me refiro à imobilidade que há na mobilidade. Uma pessoa pode ser profundamente móvel e dinâmica ainda que esteja fisicamente imóvel ou parada. De maneira que quando falo disto não falo da mobilidade ou imobilidade física, falo da busca intelectual, de minha curiosidade em torno de algo, do fato de poder buscar ainda que não encontre. Por exemplo, posso passar a vida em buscas que aparentemente não resultam em grandes coisas e, entretanto, o fato de eu estar em busca resulta fundamentalmente para minha natureza ser um pesquisador, estar em busca de algo.

Agora, não há busca sem esperança, e não há porque a condição do buscar humano é fazê-lo com esperança. Por esta razão sustento que os homens e as mulheres são esperançosos, não porque são obstinados, mas sim porque são seres que estão sempre em busca. Esta é a condição humana de buscar: fazer com esperança. A busca e a esperança formam parte da natureza humana. Buscar sem esperança seria uma enorme contradição. Por esta razão, a presença de vocês no mundo, a minha, é uma presença de quem anda e não de quem simplesmente está. E não é possível andar sem esperança de chegar. Por isso não é possível conceber um ser humano desesperançado. O que sim podemos conceber são momentos de desesperança. Durante o processo de busca há momentos em que nos detemos e dizemos para nós mesmos: não há nada que fazer. Isto é compreensível, compreendo que se caia a esta posição. O que não compartilho é que se permaneça nessa posição. Seria como uma traição à nossa própria natureza esperançosa e inquietantemente buscadora.

Estas reflexões que estamos fazendo têm como objetivo marcar as questões essenciais de nossa prática educativa. Como posso educar sem estar envolvido na compreensão crítica de minha própria busca e sem respeitar a busca dos alunos e alunas? Isto tem que ver com a cotidianidade de nossa prática educativa como homens e mulheres. Sempre digo homens e mulheres porque aprendi já há muitos anos, trabalhando com mulheres, que dizer somente homens é imoral. O que é a ideologia! De menino, na escola, aprendi outra coisa: aprendi que quando se diz homem se inclui a mulher também. Aprendi que em gramática o masculino prevalece. Quer dizer que se todas as pessoas aqui reunidas fossem mulheres, porém se aparecesse um único homem, eu deveria dizer "todos" vocês e não "todas" vocês. Isto, que parece ser uma questão de gramática, obviamente não o é. É ideologia e a mim me levou muito tempo para compreendê-lo. Já havia escrito a *Pedagogia do oprimido*. Leiam vocês as primeiras edições desse livro e verão que está escrita em linguagem machista. As mulheres norte-americanas me fizeram ver que eu havia sido deformado pela ideologia machista.

Voltando ao tema: é impossível, a não ser de cair na desesperação, deixar de buscar e, portanto, deixar de ter esperança. Dizia-lhes também que outra questão fundamental da prática educativa é a inconclusão, dado que é nessa inconclusão que o ser humano se torna educável. Todo educando, todo educador se descobre como ser curioso, como buscador, pesquisador, indagador, inconcluso, capaz, portanto, de captar e transmitir o sentido da realidade. E é nesse próprio processo de inteligibilidade da realidade que a comunicação do que foi inteligido se torna possível. Por exemplo, no momento mesmo que compreendo, que raciocino como funciona um microfone, vou poder comunicá-lo, explicá-lo. A compreensão implica na possibilidade de transmissão. Em linguagem mais acadêmica diria: a inteligibilidade encerra em si mesma a comunicabilidade do objeto inteligido.

Uma das tarefas mais bonitas e gratificantes que nós temos como professores e professoras é ajudar os educandos e as educandas a constituir a inteligibilidade das coisas, ajudá-los e ajudá-las a aprender a compreender e a comunicar essa compreensão aos outros. Isso nos permite tentar uma teoria da inteligibilidade dos objetos. Isto não quer dizer que a tarefa seja fácil. O professor ou a professora não têm o direito de fazer um discurso incompreensível em nome da teoria acadêmica e depois dizer: "que se agüentem!". Porém tampouco têm que fazer concessões baratas. Sua tarefa não é fazer simplismo porque o simplismo é falta de respeito para com os educandos. O professor simplista considera que os educandos nunca estarão à altura de compreendê-lo e então reduz a verdade a uma meia verdade, quer dizer, a uma falsa verdade. A obrigação de professores e professoras não é cair no simplismo porque o simplismo oculta a verdade, senão ser simples. O que nós temos que fazer é ter uma simplicidade que não minimize a seriedade do objeto estudado, mas que o ressalte.

A simplicidade faz inteligível o mundo e a inteligibilidade do mundo traz consigo a possibilidade de comunicar essa mesma inteligibilidade. É graças a esta possibilidade que somos seres sociais, culturais, históricos e comunicativos. Por esta razão, a quebra da relação dialógica não é somente a quebra de um princípio democrático, mas sim também a quebra da própria natureza humana. Os professores e professoras democráticos intervêm no mundo através do cultivo da curiosidade e da inteligência esperançosa, que se desdobra na compreensão comunicante do mundo. E isso fazemos de diferentes maneiras. Intervimos no mundo através de nossa prática concreta, intervimos no mundo através da responsabilidade, através de uma intervenção estética, cada vez que somos capazes de expressar a beleza do mundo. Quando os primeiros humanos desenharam nas rochas as figuras de animais, já intervinham esteticamente sobre o mundo, e como seguramente já tomavam decisões morais, também intervinham de maneira ética. Justamente na medida em que nos tornamos capazes de intervir, capazes de mudar o mundo, de transformá-lo, de fazê-lo mais belo ou mais feio, nos tornamos seres éticos. Até hoje jamais se soube que, por exemplo, um grupo de leões africanos tivessem jogado bombas sobre cidades de leões asiáticos. Não temos sabido até hoje da existência de algum leão que tivesse matado com premeditação. Somos nós, os humanos, os que temos a possibilidade de assumir uma opção ética, os que fazemos estas coisas. Somos nós os que matamos e que assassinamos homens, como Mauricio López[5], a quem conheci e cuja ausência eu sinto tanto e por quem tenho respeito, admiração e saudade. Não foram elefantes os que fizeram desaparecer Mauricio e tantos outros, foram homens deste país que atuaram provavelmente com a cumplicidade de alguma presença gringa. Somente os seres que alcançaram a possibilidade de ser éticos se tornam capazes de trair a ética. A tarefa fundamental de educadores e educadoras é viver eticamente, praticar a ética diariamente com as crianças e com os jovens. Isto é muito mais importante que o tema de biologia, se somos professores de biologia.

O importante é o testemunho que damos com nossa conduta. Inevitavelmente cada classe, cada conduta é testemunho de uma maneira, ética ou não, de enfrentar a vida. Como trabalho em sala de aula? Como trabalho com meus alunos e alunas a questão

---

[5] Mauricio Amílcar López foi o primeiro reitor da Universidade Nacional de San Luís. Três anos após a sua nomeação foi expulso da Universidade pelo regime militar argentino. Numa madrugada de 1977, nove homens armados e encapuzados entraram em sua casa, em Mendonza, e o seqüestraram. López é um dos 30 mil desaparecidos políticos da ditadura da Argentina. AMAF.

da inconclusão, da curiosidade? Como trabalho o problema da esperança entremeada com a desesperança? Que faço? Cruzo os braços? Parto para uma espécie de luta cega, sem saída? Temos que educar através do exemplo sem pensar por isso que vamos salvar o mundo. Que mal faria a mim mesmo e a vocês se pensasse, por exemplo, que vim ao mundo com a missão de salvá-los? Seria um desastre. Sou um homem igual a todos vocês e como vocês tenho uma tarefa a cumprir, e isso já é bastante. O mundo se salva se todos, em termos políticos, lutarmos para salvá-lo.

Há algo que está no ar, na Argentina, no Brasil, no mundo inteiro que nos ameaça. Esse algo é a ideologia imobilizadora, fatalista, segundo a qual não temos mais nada que fazer, segundo a qual a realidade é imutável. Estou cansado de ouvir frases como esta: "É terrível, no Brasil há trinta milhões de mulheres, homens e crianças morrendo de fome, porém o que vamos fazer, a realidade é esta". Estou cansado de escutar que o desemprego que se estende pelo mundo é uma fatalidade do fim de século. Nem a fome, nem o desemprego são fatalidades, nem no Brasil, nem na Argentina, nem em parte nenhuma. Eu pergunto aos fatalistas, em um livro que estou escrevendo agora: Por que será que a reforma agrária não é também uma fatalidade no Brasil? Já ouviram falar do mundo especulativo do dólar, milhões de dólares viajando diariamente pelos computadores do mundo de lugar em lugar procurando onde render mais, não é? Isso, para eles, tampouco é uma fatalidade. É preciso, dizem os líderes neoliberais, disciplinar estes movimentos especulativos para evitar as crises. Parece que isto sim se pode fazer. Por que será que quando se vêem afetados os interesses das classes dominantes não há fatalismo? Porém sempre aparece como fatalismo, como por arte de magia, cada vez que as classes populares são afetadas?

Um dos grandes desafios que temos que enfrentar hoje é esta confrontação com esta ideologia imobilista, a fatalista. Não há imobilismos na história. Sempre há algo que podemos fazer e refazer. Se fala muito de globalização. Vocês devem ter visto que a globalização aparece como uma espécie de entidade abstrata que se criou a si mesma do nada e frente a qual nada podemos fazer. É a globalização, ponto final! Esta questão é bem diferente. A globalização somente representa um determinado momento de um processo de desenvolvimento da economia capitalista que chegou a este ponto mediante uma determinada orientação política que não é necessariamente a única.

Com o que disse até aqui tratei de responder o tema de como vejo a prática docente frente à realidade histórica atual. Já lhes disse que não há prática docente sem curiosidade, sem incompletude, sem seres capazes de intervir na realidade, sem seres capazes de serem fazedores da história e ao mesmo tempo sendo feitos por ela.

Já lhes disse também que uma das tarefas fundamentais, tanto aqui como no Brasil e no mundo inteiro, é elaborar uma pedagogia crítica. E se digo isso, não é como alguém que "já foi", se lhes digo isso é como alguém que "está sendo". Igual a todas as pessoas eu também estou sendo, apesar da idade. Em função e em resposta à nossa própria condição humana, como seres conscientes, curiosos e críticos, a prática do educador, da educadora, consiste em lutar por uma pedagogia crítica que nos dê instrumentos para nos assumirmos como sujeitos da história. Prática que deverá basear-se na solidariedade. Talvez nunca como neste momento necessitamos tanto da significação e da prática da solidariedade.

Para terminar, reitero: sigo com a mesma esperança, com a mesma vontade de luta de quando comecei. Resisto à palavra *velho*. Não me sinto velho. Sinto ter sido útil, cheio de esperanças e de vontade de lutar.

Elementos da situação educativa[6]

Agradeço a compreensão de vocês. Não é somente o trabalho, é a emoção, a emoção desgastada. Não é somente o encontro com vocês, é a memória. Não é somente pelo que fiz ontem, é pelo que fiz antes de ontem, o que fiz no mês passado, é a soma de meus dias que já me está cansando. Não é simplesmente uma questão de apertar um botão e pôr a memória para funcionar... Estou contente em perceber que vocês vêm me compreendendo. Se pudesse hoje eu ficaria o dia todo.

Agora, atendendo a uma sugestão de Roberto Iglesias, vou tentar dizer algumas coisas que provavelmente vocês já saibam, ou adivinhem, em torno do tema da educação e da formação docente.

Eu gostaria de iniciar com um exercício intelectual: o de pensar na situação que chamamos situação educativa. A situação educativa não é qualquer situação. Uma situação de almoço, por exemplo, pode ter em si alguns momentos educativos, porém não é necessariamente uma situação educativa. Poderíamos pensar em uma situação educativa em casa, na relação entre o pai, a mãe e os filhos. Porém prefiro pensar na relação educativa típica, entre as professoras e os alunos. Não importa em que escola seja, primária, secundária, universitária ou círculo de cultura. O que quero fazer é

---

[6] Antes de começar este 2º. Dia do Seminário, em 18 de agosto de 1996, Roberto Iglesias anunciou que Paulo Freire não estava muito bem e que falaria apenas por uma hora e em seguida se retiraria; porém, Freire acabou falando por quase três horas.

analisar e "descobrir" com vocês quais são os elementos constitutivos da situação educativa.

Imaginemos que estamos numa sala de aula, na qual estão a professora ou professor e os alunos. Qual é a tarefa da professora? Em palavras simples, diríamos que a tarefa da professora é ensinar, e a tarefa dos alunos é aprender.

Vemos então que o primeiro elemento constitutivo da situação educadora é a presença de um sujeito, o educador ou educadora, que tem uma determinada tarefa específica que é a tarefa de educar.

A situação educativa implica também na presença de educandos, de alunos, o segundo elemento da situação educadora.

O que mais descobrimos na prática dessa experiência? Em primeiro lugar descobrimos que a presença do educador e dos educandos não se dá no ar. Educador e educandos se encontram em um determinado espaço. Esse espaço é o espaço pedagógico, espaço pelo qual os docentes muitas vezes não tomam a devida consideração. Se nós nos detivéssemos a analisar a importância do espaço pedagógico passaríamos a manhã toda discutindo, por exemplo, sobre os impedimentos legais diante da falta de respeito dos poderes públicos com respeito a estes espaços. Ainda que haja diferenças entre espaços e espaços, em diferentes lugares, esta é quase uma tradição histórica na América Latina.

Quando em 1989 fui convidado a assumir como responsável a educação pública da cidade de São Paulo, havia na rede municipal 675 escolas, cerca de um milhão de alunos e 35.000 professores. 60% das 675 escolas estavam em franco processo de deterioração material. Muitas, na época da informática, sequer tinham giz. Em muitas escolas os banheiros eram absolutamente inutilizáveis. Era uma aventura entrar em um banheiro. Faltava merenda escolar, materiais...

As condições materiais do espaço podem ser ou não ser em si mesmas pedagógicas. Como pode a professora, por mais diligente que seja, por mais disciplinada e cuidadosa que seja, pedir aos alunos que não sujem a sala, não estraguem as cadeiras, não escrevam nas carteiras, quando o próprio governo que deveria dar o exemplo não respeita minimamente estes espaços? Quanto mais a direção da escola, a Secretaria de Educação, os diferentes centros de poder demonstrarem às crianças e às famílias o zelo e o cuidado pela escola, por reparar o teto e as paredes, por entregar giz e plantas e árvores, tanto mais esta demonstração de respeito educará as crianças. Me disseram, não sei se é verdade, que na Administração dos Metrôs de São Paulo há um setor encarregado de tirar de circulação, diariamente, os vagões danificados e os assentos quebrados. Este setor tira o carro, o conserta e o devolve imediatamente de maneira que os carros andem sempre limpos e inteiros. A correção dos danos inibe o destruidor dos assentos. Há uma relação indubitável entre as condições materiais e as nossas condições mentais, espirituais, éticas, etc.

O terceiro elemento constitutivo da situação educativa é então o espaço pedagógico. E como não há espaço sem tempo, então o tempo pedagógico é outro elemento constitutivo da situação educativa. Lamentavelmente nós — educadores e educadoras — poucas vezes nos perguntamos: "que faço com meu tempo pedagógico, como posso aproveitá-lo mais eficazmente?" Quase nunca nos perguntamos: "a serviço de quem, de que coisa está o tempo educativo?" E se trata de perguntas fundamentais. Obviamente o tempo educativo está a serviço da produção do saber. E como não há produção do saber que não esteja diretamente ligado ou associado a ideais, a pergunta primeira que devemos fazer é: "a serviço de quem, de quais ideais produzimos, conjuntamente com os alunos, o saber dentro do tempo-espaço da escola?" E quando alguém se detém sobre este ponto descobre que o tempo-espaço pedagógico se usa, sobretudo, contra os interesses das crianças populares, ainda que não somente contra elas.

Vamos propor um exemplo de que as crianças cheguem à escola às 8h. Às 8h15 toca a campainha e as crianças entram em "fila militar". Alguns professores ou professoras ainda não chegaram. Lamentavelmente isso existe. Às 8h20 as crianças estão chegando à sala de aula. A professora faz a chamada de presença dos alunos e alunas, aí se vão mais dez minutos. São 8h30 e a professora — nesta caricatura que estou fazendo — se está cansada não fará nada importante, pois está pensando que às 10h vão servir a merenda. A essa hora toca a campainha e as crianças saem correndo, gritando e as professoras ficam na "Sala dos Professores", e não vão observar seus alunos no recreio. Deixam de participar desse momento pedagógico riquíssimo que é o momento em que as crianças estão jogando foras seus medos, suas raivas, suas angústias, suas alegrias, suas tristezas e seus desejos. As crianças estão deixando sua alma lá fora no recreio, e as professoras na "Sala dos Professores", alheias a esta experiência humana essencial! Depois do recreio se toma o leite e aí se vão minimamente trinta minutos, sem contar outros tempos mortos. Quando chega o fim do dia as crianças tiveram, no espaço pedagógico de quatro horas, duas horas e meia ou três horas de aula. Perderam no mínimo uma hora. Esta hora perdida é uma hora de aprendizagem que não houve. E o pior é que ninguém sequer discutiu esta perda de tempo para a produção do saber, porque se assim o fizéssemos, ao menos teríamos aprendido algo. Lamentavelmente a jornada escolar entra na rotina cotidiana. Não se pensa sobre ela, simplesmente se vive. Esta é uma reflexão pendente que raramente se dá nas universidades. E digo isso com tristeza. Como professores, como professoras, temos a obrigação de conhecer, de debater, de analisar estas coisas.

 Temos visto até aqui que não há situação educativa sem a figura do professor e do aluno que se encontram em certo espaço ao largo de certo tempo docente. Porém há algo mais que é essencial na situação educativa, e esse algo mais são os conteúdos curriculares, os elementos programáticos da escola, que eu, como professor, tenho a obrigação de ensinar e que os alunos têm a obrigação de aprender. Conteúdos que em linguagem mais acadêmica, em teoria do conhecimento, chamamos de objetos cognoscíveis, objetos estes que os jovens que se formam para ser professor ou professora devem conhecer. Digo estes conceitos por que creio que inclusive na prática da educação popular o povo tem o direito a dominar a linguagem acadêmica.

 E digo isso porque há educadores populares que em nome da revolução acham que o correto é romper com a academia. No meu modo de pensar isto é um erro, é uma traição ao povo. O correto é trocar com a academia e não dar as costas à academia. Nosso problema não é estar contra a academia, mas sim refazê-la, colocá-la a serviço dos interesses da maioria do povo. Há que prestigiar a academia, isto é, colocá-la a serviço do povo. Desde que homens e mulheres inventaram a vida em comum, os objetos cognoscíveis foram percebidos e estudados através do exercício da curiosidade. O povo tem o direito de saber, necessita saber que os conteúdos escolares se chamam objetos cognoscíveis, quer dizer, objetos que podem ser conhecidos. E aqui surge outro tema importante. Os objetos cognoscíveis são percebidos mediante o exercício da curiosidade. Daí o cuidado que nós como professores devemos ter em relação a preservar a curiosidade das crianças. Quantas vezes devem ter observado, em casa de amigos, ao pai e a mãe conversando com a visita, e de repente um garoto de três, quatro anos vêm correndo com uma pergunta e o pai: "Calado! Não vê que estou falando com outra pessoa? Pôxa, como você vem agora com esta bobagem?" Meu Deus! Eu não gosto de atirar pedras em ninguém, nem criar sentimentos de culpa, porém esta conduta é absurda. É um comportamento castrador que cerceia uma das coisas mais preciosas que temos, que é a curiosidade. Sem curiosidade sequer teríamos a possibilidade de ser pai ou mãe. Todo tempo educativo é tempo de pergunta e de respostas, tempo de disciplinar, de sistematizar a própria pergunta.

Uma tarde, já faz muitos anos, no Recife, o reitor da Universidade veio a nossa casa para conversar sobre um problema da Universidade. Estávamos no terraço quando de repente um dos meus filhos, que devia ter uns quatro ou cinco anos, veio perguntar algo. Parei a conversa, escutei o menino, respondi a ele e depois disse: "Olhe, seu pai está conversando com um amigo que também tem perguntas para fazer e que também responde perguntas. Por isso, se tiver outra pergunta para fazer, te sugiro que a guarde na memória e me pergunte depois, assim teu pai pode continuar conversando com seu amigo." É preciso defender o direito que tem o garoto de perguntar, de satisfazer sua curiosidade, porém ao mesmo tempo dizer-lhe que há momentos para perguntar e momentos para abster-se, o que definimos em ética como "assumir os limites da liberdade". Sem limites não há liberdade, como tampouco há autoridade. A formidável questão que nos propõe os educadores é como estabelecer os limites, em que consistem realmente, e quais entre eles são os que ainda se tem que implementar.

Voltemos agora à questão dos objetos do conhecimento. Quanto mais pensamos no que é ensinar, o que é aprender, tanto mais descobrimos que não há uma coisa sem a outra, que os momentos são simultâneos, que se complementam, de tal maneira que quem ensina, aprende ao ensinar e quem aprende, ensina ao aprender. Não é por acaso que em francês o mesmo verbo significa ensinar e aprender (é o verbo *apprendre*). A questão é como lidar com esta aparente contradição. Neste momento, falando com vocês, estou reconhecendo estas coisas, estou reaprendendo estas coisas. De maneira que no processo que vocês aprendem, vocês me ensinam. Como? Através do olhar, de suas atitudes. O professor atento é um professor desperto, não aprende somente nos livros, aprende na sala de aula, aprende lendo nas pessoas como se fosse um texto. Enquanto eu falo, como docente, tenho que desenvolver em mim a capacidade crítica e afetiva de ler os olhos, o movimento do corpo, a inclinação da cabeça. Devo ser capaz de perceber se há entre nós alguém que não entende o que falo, e nesse caso tenho a obrigação de repetir o conceito em forma clara para repor a pessoa no processo do meu discurso. Em certo sentido, vocês estão sendo para mim agora um texto, um livro que necessito ler ao mesmo tempo em que falo. No Brasil, os bons políticos sabiam fazer isto, sabiam tocar a sensibilidade de quem os escutava. Agora com a televisão isto está acabando. A prática docente vai mais além do ato de entrar na sala de aula e dar, por exemplo, a classe dos substantivos. A prática educativa é muito mais que isso.

Sintetizando o que já falei sobre o tema: não há então uma situação pedagógica sem um sujeito que ensina, sem um sujeito que aprenda, sem um espaço-tempo em que estas relações se dão e não há situações pedagógicas sem objetos que possam ser conhecidos. Porém não termina aqui a questão. Há outra instância constitutiva da situação educativa, algo que vai mais além da situação educativa e que, sem embargo, é parte dela. Não há situação educativa que não aponte a objetivos que estão mais além da sala de aula, que não tenha a ver com concepções, maneiras de ler o mundo, anseios, utopias. Do ponto de vista técnico, esta instância, em filosofia da educação, recebe o nome de direcionalidade da educação. Muita gente confunde direcionalidade com dirigismo, com autoritarismo. No entanto, a direcionalidade pode viabilizar tanto a posição autoritária como a democrática, da mesma maneira que a falta de direcionalidade pode viabilizar o esponteneísmo. É justamente a direcionalidade que explica essa qualidade essencial da prática educativa que eu chamo de politicidade da educação. A politicidade da prática educativa não é uma invenção dos subversivos como pensam os reacionários. Ao contrário, é a natureza mesma da prática educativa que conduz o educador a ser político. Como educador eu não sou político porque quero e sim porque minha condição de educador me impõe. Isto não significa ser partidário deste ou daquele partido, ainda quando eu considere que todo educador deva assumir uma posição partidária.

A politicidade é então inerente à prática educativa. Isto significa que como professor devo ter minhas opções políticas próprias e claras, meus sonhos. Porque ao final o que é que nos move, nos dá alento como professores, se ganho tão pouco, se estou tão desprestigiado nesta sociedade de mercado? Que sonho tenho para sonhar, para discutir com meus alunos? A politicidade revela outras duas características da situação educativa. Revela que na prática educativa, estética e ética vão de mãos dadas. A prática educativa é bela, como é bela a formação da cultura, a formação de um indivíduo livre. E ao mesmo tempo essa estética é ética, pois trata da moral. Dificilmente uma coisa bela é imoral. Isto nos põe frente à necessidade de rechaçar o puritanismo que não é ético, é hipocrisia e falsificação da ética, da liberdade e da pureza.

Recapitulando, então: não há prática educativa sem sujeitos, sem sujeito educador e sem sujeito educando; não há prática educativa fora desse espaço-tempo que é o espaço-tempo pedagógico; não há prática educativa fora da experiência de conhecer o que tecnicamente chamamos de experiência gnosiológica, que é a experiência do processo de produção do conhecimento em si; não há prática educativa que não seja política; não há prática educativa que não esteja envolvida em sonhos; não há prática educativa que não envolva valores, projetos, utopias. Não há então prática educativa sem ética.

A educação não pode deixar de levar em conta todos esses elementos. Trata-se de uma tarefa séria e complexa e como tal deverá ser enfrentada tanto pelos responsáveis das políticas educativas como pelos próprios docentes. Temos a responsabilidade, não de tentar amoldar os alunos, mas sim desafiá-los no sentido de que eles participem como sujeitos de sua própria formação. Nestes dias estou terminando um livro novo com idéias velhas, onde trato este tema da formação docente e onde ressalto dois ou três saberes ou máximas que, creio, deveriam fazer parte da bagagem de todo professor e professora.

Uma destas máximas, que me acompanha há tempos, é a que sustenta: "mudar é difícil mas é possível." Que testemunho poderia dar aos jovens se minha posição frente ao mundo fosse a de quem está convencido de que nada pode ser feito, que nada pode ser mudado? Eu diria que neste caso é melhor que abandone o magistério, que tente sobreviver de alguma outra maneira. Ninguém pode dar aulas sem ter a convicção do que faz. Não pode dizer "eu sou simplesmente um técnico, distante do mundo, da história." Não somente devo dar testemunho de minha vontade de mudança e sim, além disso, devo demonstrar que em mim, mais que uma crença, é uma convicção. Se não sou capaz de dar testemunho de minhas convicções perco minha base ética e sou um péssimo educador porque não sei transmitir o valor da transformação.

Outra convicção que considero fundamental é a que sustenta: "é necessário aprender a escutar." Há quem acredite que falando se aprende a falar, quando na realidade é escutando que se aprende a falar. Não pode falar bem quem não sabe escutar. E escutar implica sempre em não discriminar. Como posso compreender os alunos da favela se estou convencido de que são apenas crianças sujas e que têm mal cheiro? Se sou incapaz de compreender que estão sujos porque não têm água para tomar banho? Ninguém opta pela miséria. No Rio de Janeiro Joãozinho Trinta, um homem extraordinário que organiza com muita boniteza Escolas de Samba no Carnaval disse uma vez uma grande verdade: "Somente os intelectuais pequeno-burgueses gostam da miséria. O povo gosta de coisas bonitas, do luxo". Obviamente o povo gosta de bem-estar, daquilo que não tem ou não pode ter. O que nós devemos querer não é que o povo continue na miséria, mas que supere a miséria. Há que lutar para que o povo viva bem, que tenha camisas como esta que estou usando, que nos anos 70 seria considerada sinal de burguesia. Há que democratizar as coisas boas e não suprimi-las. Eu não rechaço as coisas burguesas, mas sim a concepção burguesa da vida. Há que superar alguns equívocos do passado, como pensar que solidariedade com os oprimidos e as oprimidas é uma questão de geografia, que é necessário sair da área elegante da cidade e ir viver na miséria para então sim, ser absolutamente solidário com eles e elas. Isto nem sempre dá resultado.

Aprender a escutar implica não minimizar o outro, não ridicularizá-lo. Como pode um professor ter boa comunicação com um aluno ao qual previamente desvalorizou ou ironizou? Como pode um professor machista escutar uma mulher, ou um professor racista a um negro? Digo, se você é machista, assuma-se como machista, porém não se apresente como um democrata, você não tem nada que ver com a democracia. Se por outro lado você insiste com os sonhos democráticos, então vai ter que pensar em ir superando o seu machismo, seu classismo, seu racismo.

Nos Estados Unidos acabam de queimar igrejas de negros como se os negros e as negras, em primeiro lugar não tivessem alma e em segundo lugar, no caso em que admitíssemos que têm alma, como se a alma negra estivesse suja e sujasse a oração. Dá pena quando a branquitude se acha no direito de ser pedagoga da democracia do mundo. Um cinismo incrível!

Outra das convicções próprias do docente democrático consiste em saber que ensinar não é transferir conteúdos de sua cabeça para a cabeça dos alunos. Ensinar é criar a possibilidade para que os alunos, desenvolvendo sua curiosidade e tornando-a cada vez mais crítica, produzam o conhecimento em colaboração com os professores. Ao docente não cabe transmitir o conhecimento. Somente cabe propor ao aluno elaborar os meios necessários para construir sua própria compreensão do processo de conhecer e do objeto estudado.

A complexidade da prática educativa é tal que nos propõe a

necessidade de considerar todos os elementos que podem conduzir a um bom processo educativo, nos impõe a necessidade de inventar situações criadoras de saberes, sem as quais a prática educativa autêntica não poderia dar-se. Eu digo isto porque as virtudes e as condições propícias à boa prática educativa não caem feitas do céu. Não há um Deus que envia virtudes de presente, não há uma burocracia divina encarregada de distribuir virtudes. Saberes e virtudes devem ser criados, inventados por nós. Ninguém nasce generoso, crítico, honrado ou responsável. Nós nascemos com estas possibilidades, porém temos que criá-las, desenvolvê-las e cultivá-las em nossa prática cotidiana. Somos o que estamos sendo. A condição para que eu seja é que esteja sendo. Cada um de nós é um processo e um projeto, e não um destino. É preciso que na minha própria experiência social, em minha própria prática eu descubra os caminhos para fazer melhor o que quero fazer. Em minha prática docente aprendi a necessidade da coerência, que não pode ter um discurso afastado da minha prática, que eu tinha que buscar uma identificação quase absoluta entre o que eu dizia e o que eu fazia. E esta é uma virtude que se chama coerência.

    Descobri também que a afetividade de minha prática estava ligada à necessidade de aceitar a subjetividade dos demais, a necessidade de não pensar que sou o único no mundo que pode fazer certas coisas, e a necessidade de não ter ressentimento com as pessoas que podem fazer coisas que eu gostaria de fazer e não faço porque não sou capaz. Descobri que não podia odiar a quem estava feliz no mundo simplesmente porque ele ou ela estava feliz. Aprendi também que devia continuar indignado diante da difícil situação que cria a infelicidade dos demais. Este respeito ao direito dos outros, este reconhecer que os outros podem fazer coisas que nós não fazemos, se chama humildade. E a humildade não implica no gosto de ser humilhado. Ao contrário: a pessoa humilde rejeita a humilhação.

    Concluindo, professores e professoras, educadores e educadoras, alunos e alunas, devemos nos preocupar com a criação e a recriação em nós e em nossos lugares de trabalho, das qualidades fundamentais que são as que nos vão permitir realizar nossos sonhos.

A luta não se acaba, se reinventa: Perguntas dos participantes e respostas de Paulo Freire

Como motivar alunos e impedir que se adaptem ao desinteresse, ao individualismo e a falta de solidariedade imperante?

Evitar a acomodação dos alunos e das alunas é uma de nossas tarefas. Obviamente frente ao problema do desemprego não é fácil motivar as pessoas, mantê-las com esperança. Porém é fundamental que discutamos com os alunos a própria razão de ser das coisas, a origem de nossas dificuldades. Se nós conseguirmos convencer os jovens de que a realidade, por difícil que seja, pode ser transformada, estaremos cumprindo uma das tarefas históricas do momento. Há que se ter em conta que a história não termina com a história individual de cada um. Eu vou morrer dentro de pouco tempo, mas a história do Brasil segue com os outros brasileiros e brasileiras. A história é um processo. Se nós fizermos a nossa parte estaremos contribuindo para a luta da geração seguinte. Ainda que em certos momentos alguém possa se sentir cansado, ainda que possa pensar que seu tempo de luta passou, não tem direito de desistir da luta. O que deve ter é o direito de descansar um dia. Eu não tenho direito de desistir da luta porque cheguei aos 75 anos. Sou muito jovem para isso.

Qual é a utopia educadora possível hoje na América Latina?
A utopia possível não somente na América Latina, mas também no mundo é a reinvenção das sociedades no sentido de fazê-las mais humanas, menos feias. No sentido de transformar a feiúra em boniteza. A utopia possível é trabalhar para fazer que nossa sociedade seja mais visível, mais respeitada em todo o mundo, para todas as classes sociais.

Metodologicamente, como organizar a resistência?
Começando por nossa própria localidade, nosso bairro, nossa vizinhança. Necessitamos reinventar as formas de ação política. Muita gente não se recorda sequer em quem votou. Há que se valorizar a democracia. Não só é preciso saber em quem votamos, mas também saber o que estão fazendo aqueles e aquelas em quem votamos, pedir-lhes que prestem contas, denunciá-los se não as cumprem, para não voltarmos a elegê-los em próximas eleições. Temos que vigiá-los. Outra coisa que se poderia fazer é anotar as declarações dos diferentes candidatos, as promessas feitas durante a campanha eleitoral e comparar depois se o que disseram coincide com o que estão fazendo ou não. Geralmente durante a campanha eleitoral se sustenta um discurso que não tem nada a ver com a prática posterior. Temos que publicar estas coisas. Denunciar os candidatos que estão descumprindo suas promessas é uma forma de luta, uma forma de romper o isolamento. Este é apenas um exemplo do que se pode fazer.

A história se acabou? Acabaram-se as ideologias? Terminaram as classes sociais?
Primeiramente temos que rechaçar estes discursos, defini-los pelo que são: discursos puramente ideológicos pertencentes a uma ideologia reacionária. A história não se acabou. Segue viva e nos convida a lutar. As classes sociais não se acabaram. Estão aí, manifestando sua existência em todas as ruas do mundo inteiro, a exploração não terminou, nem os fatos são irreversíveis. Temos que compreender que as lutas dos povos atravessam etapas diferentes e essas etapas têm dificuldades diferentes.

Hoje, na rádio da Universidade citei uma reunião que se realizou em Berlim, sob os efeitos da situação de Chiapas, onde os cientistas europeus emitiram uma dura crítica ao discurso e à prática neoliberal. Uma análise muito séria que neste momento continua no México. Encontros como este são testemunho de que é possível lutar. Que é preciso lutar.

Como conseguir a mudança na atitude docente?
Em primeiro lugar, é preciso que o docente esteja pelo menos inclinado a mudar. Em segundo lugar, o docente deve ter claro qual é a sua posição política. A educação é uma prática política e o docente como qualquer outro cidadão deve fazer sua escolha. Em terceiro lugar, é preciso que o docente comece a construir sua coerência, que diminua a distância entre seu discurso e sua ação. Como posso fazer um discurso progressista e logo assumir um comportamento sectário, com preconceitos de classe ou raça? Estas contradições, às vezes, encobertas, devem ser desveladas. A primeira luta que um docente progressista deve ter é consigo mesmo. Esse é o começo da mudança.

Como construir a pedagogia da mobilidade?
Em primeiro lugar nos movendo. Não é possível trabalhar por uma pedagogia do movimento permanecendo quietos. Primeiro temos que andar, e andar significa, neste caso, ainda que estejamos sentados, estar abertos às mudanças e às diferenças. Não posso falar aos alunos e alunas de uma pedagogia da palavra que os silencie. Se ante uma pergunta que me cria dificuldade, respondo: "vocês sabem com quem estão falando?", estou fechando a possibilidade da pedagogia da mobilidade. Vocês não imaginam como se aprende com o diferente. Às vezes não aprendemos com o igual, porém com o diferente, sempre. Às vezes aprendemos inclusive com o antagônico. Uma pedagogia do movimento é uma pedagogia de abertura frente ao outro, o diferente.

Quando cheguei do exílio, em um de meus primeiros seminários, na Pontifícia Universidade Católica de São Paulo, tive como aluna uma jovem senhora, seguramente reacionária, que guardava frente a minha pessoa um ressentimento gratuito, histórico. Quando falei do que pensava fazer, ela me olhou e me disse: "não vou faltar a nenhum dia de aula porque quero ver se há coerência entre o que o senhor diz e o que o senhor faz." Eu respondi: "muito bem, muito obrigado, estou contente de que você venha, será sempre bem recebida e tenho certeza de que quando terminarmos o semestre a senhora vá descobrir com provas concretas que o que digo coincide com o que faço." Nunca tivemos uma relação mais estreita. Ela nunca faltou às aulas e, terminado o semestre, teve a nota mais alta, porque era uma mulher séria, estudiosa e inteligente, porém vinha sendo reacionária. Esse era um direito dela, o de ser reacionária, como eu tenho o direito de não o ser. Cortesmente nos despedimos e ela disse: "O senhor faz o que diz!". Esse foi um ótimo presente. Na verdade, o melhor presente talvez tenha sido o fato dela ter vindo até mim, para ver-me e ter dito: "Me converti, agora sou uma mulher progressista". Isso não é fácil! Sempre existe a tentação de rechaçar aquele que pensa diferente.

Há que se lutar. O professor e a professora que quer ser coerente com sua posição democrática e ética tem a obrigação de entender e respeitar as opiniões diferentes das suas.

Como resistir no espaço sindical, em uma época em que as organizações dos trabalhadores estão desvalorizadas e infiltradas pela cultura dominante?

Esta é outra questão muito séria. A meu juízo, os sindicatos deveriam estudar com muita seriedade esta situação atual. Vocês já devem ter percebido, por exemplo, como as greves estão debilitadas. Porém o fato de que as greves percam a eficácia não significa que a luta deva desaparecer. A luta é histórica. A maneira como a luta se dá é também histórica, têmporo-espacial. Não necessariamente se luta da mesma maneira aqui como em Paris.

O fundamental é saber que a luta não se acabou, não se acaba, que sendo histórica, muda a maneira de apresentar-se, de fazer-se, e por isso tem que ser reinventada em função das circunstâncias históricas e sociais. Se a greve de professores não resulta em nada, cabe aos educadores discutir cientificamente qual será em cada momento a maneira mais eficaz de lutar. A questão não é desistir da luta, é mudar as formas da luta.

Com a chamada globalização, uma multinacional de Chicago que tenha uma fábrica em São Paulo, se esta tem uma ameaça de greve, dez minutos depois de consultar o computador daquela fábrica pode-se saber se é possível transferir a produção para outro país onde, inclusive, seja mais barata. Então fecham a fábrica de São Paulo e a greve se acaba. A questão não é parar de lutar. Este é o discurso totalitário neoliberal.

A questão é mudar a maneira de lutar. Há que se reinventar uma nova forma de lutar, porém jamais parar de lutar.

O que o senhor diria para as pessoas jovens que estão descrentes, que não conheceram a época de luta dos seus pais?

As pessoas jovens necessitam saber que a existência humana é uma experiência de luta. É importante deixar claro como a luta, e inclusive a violência, está presente em toda experiência humana. Ao esculpir a pedra, o escultor rompe o equilíbrio do ser da pedra. Há uma certa violência criativa nisso.

Em última análise, a existência humana é uma existência conflituosa. A questão é como fazer para que a experiência humana seja cada vez mais uma experiência "gentificada", de gente, de pessoas, de sujeitos, não de objetos. E isto não se consegue sem luta, sem esperança, sem tenacidade e sem força.

Como enfrentar a docência diante da desesperança imperante?

O único caminho é reencontrar razões de esperança na desesperança. Reconstruir a esperança. E para isso, há que reconhecer os diferentes tempos históricos, reconhecer que hoje a luta é mais difícil. E se a luta está por demais difícil temos que inclusive aprender a "hibernar". O mundo não vai se acabar por dois ou três anos de espera. Eu não tenho dúvidas de que muita desesperança atual frente ao cinismo desta ideologia fatalista neoliberal vai se converter em força de esperança por causa desse mesmo cinismo, desse fatalismo ideológico que não vai durar muito tempo.

Com respeito ao par esperança-desesperança é bom recordar que a história não começa e nem termina conosco. Creio que é necessário ser mais humilde em relação à nossa tarefa histórica individual. Claro que se me considero "o" líder, se creio que a mim pessoalmente me cabe a missão de transformar o mundo, posso cair na desesperança. Porém se humildemente sei que sou um entre milhares, que a história não se acaba com minha morte ou com minha geração, senão que segue, então compreenderei que o mínimo que eu possa fazer sempre terei algum resultado importante.

O que o senhor entende por ética do educador?

A ética define o dever ser, estabelece os princípios morais da convivência e respeito, regula nossa presença no mundo. Para evitar a trapaça da ideologia digo que a ética tem que ver com o bom senso. Por exemplo, a partir deste ponto de vista, seria ético explorar as pessoas? Discriminar o diferente? Será correto humilhar, ironizar, menosprezar o aluno ou a aluna? Rir-se dele ou dela? Intimidá-lo/a? A partir do bom senso ninguém pode aceitar isso. A eticidade é uma atitude concreta que não provém de discursos abstratos, mas sim em vivê-la em toda a sua justeza e plenitude.

No Brasil há professores que incentivam os seus alunos a faltar às aulas quando o dia seguinte é feriado. Acredito que um professor ou professora que age dessa maneira está faltando com a ética. O processo educativo é, sobretudo, ético. Exige de nós um constante testemunho de seriedade.

Uma das mais belas qualidades de um professor, de uma professora, é testemunhar aos alunos que a ignorância é o ponto de partida da sabedoria, que equivocar-se não é nenhum pecado, que é parte do processo do conhecimento. O erro é um momento de busca do saber. É justamente o erro que faz com que aprendamos. Não tenham vergonha do não saber, de não saberem. Muitos professores e professoras "jogam a bola a gol", "chutam" qualquer coisa por medo de passar por burros. Não silenciem os seus alunos e alunas para que não lhe façam perguntas. Perguntar, duvidar, problematizar, dialogar é fundamental no ato educativo. É suficiente dizer: "não sei, porém vou tentar averiguar." Isso é um ato ético do educador ou da educadora sem o qual não se educa.

Quando eu era um jovem professor na Universidade, uma aluna me fez uma pergunta que eu não sabia responder. E eu confessei isso naturalmente: "não sei, porém não tenha dúvida de que se trabalharmos juntos podemos encontrar uma resposta. A convido, se você estiver livre no próximo sábado, a almoçarmos juntos." Ela veio à minha casa, almoçamos, passamos duas ou três horas na minha biblioteca particular, encontramos a resposta e na aula seguinte informamos aos demais de nossa busca e de nosso achado. Isto não me desprestigiou, ao contrário. O que os jovens querem é uma prova de que podem confiar em nós e quanto mais sério é o docente tanto mais crêem nele.

Entrevista à imprensa[7]
A confrontação não é pedagógica e sim política.

Nos anos 60 e 70 primou a discussão dos grandes temas, entre eles a liberdade e a autodeterminação dos povos. As ditaduras posteriores cortaram pela raiz esse debate. Devemos voltar a estes temas?

São os paradoxos da história. Por um lado, dá a sensação de que tudo aquilo foi esquecido, que foi superado, e por outro lado, a história nos convida voltar a pensar sobre estas questões.

Há pouco tempo, no Brasil, fizemos uma lista dos problemas que minha geração teve que enfrentar e houve jovens de 22, 23 anos que constataram que alguns desses problemas eram os mesmos que tinham que enfrentar hoje. A questão é que os problemas não se dão no ar, se dão na história, mudam com a história, de maneira que as respostas que podemos dar a esses problemas não são as mesmas. Em outras palavras: mudando o tempo histórico, ainda quando a problemática pode seguir sendo a mesma, as formas de luta não são necessariamente as mesmas.

---

[7] Entrevista à Imprensa de San Luís, Argentina, em 18 de agosto de 1996. AMAF.

Um dos temas pendentes segue sendo o respeito pela integridade humana. De maneira que as gerações podem mudar, podem mudar a sensibilidade, o que não muda é a necessidade de se buscar novos caminhos de luta. De modo que quando parecia que a questão da integridade do ser humano se acabava, este tema volta..., e não tenho dúvidas de que em 10 ou 15 anos a preocupação pelos seres humanos tomará ainda uma maior força. Já não estarei aqui e vocês, e outros como vocês, farão perguntas parecidas a outro Paulo Freire e dirão: "o velho Freire tinha razão: a luta pelo homem e pela mulher buscando o seu próprio *ser*, seu desenvolvimento pleno, vai seguir acompanhando-nos..."

Nos países subdesenvolvidos a educação está em crise. Como enfrentar esta crise?

Em primeiro lugar creio que a crise da educação não é privativa dos países subdesenvolvidos. Em segundo lugar, creio que a crise não é propriamente da educação e sim que a crise é da sociedade toda, é a crise do sistema sócio-econômico no qual estamos inseridos que necessariamente se reflete na educação. Da minha parte, não tenho dúvida de que a confrontação não é pedagógica e sim política. Não é lutando pedagogicamente que vou mudar a pedagogia. Não são os filósofos da educação os que mudam a pedagogia, são os políticos sob nossa pressão que vão fazê-lo, se os pressionarmos. A educação é uma prática eminentemente política. Daí a impossibilidade de se implementar uma pedagogia neutra. No fundo, não há neutralidade. Para mim, repito, esta é uma luta política.

E um dos problemas que devemos enfrentar hoje é como nos comunicar com as grandes maiorias que agora se encontram divididas em minorias e que não se percebem a si mesmas como maiorias. Há que se reinventar os caminhos da comunicação, da intercomunicação. Coincidindo com Habermas, não tenho dúvida de que a questão da comunicação é essencial neste fim de século. E não é possível pensar o tema da comunicação sem enfrentar, por exemplo, o da inteligibilidade do mundo. É justamente a possibilidade de inteligir o mundo que permite comunicá-lo. Para nós, como educadores, a questão a enfrentar é como trabalhar a comunicabilidade, como transformá-la em comunicação. Tarefa eminentemente política. Sou otimista. Repito o que para mim é uma certeza: mudar é difícil mas é possível.

Qual é o seu modo de entender a situação dos setores populares latino-americanos no contexto da atual política neoliberal?
Esta é uma pergunta que todo educador deveria se fazer. Um dos maiores desafios do momento é como fazer frente à ideologia paralisante e fatalista que o discurso neoliberal tem imposto. Duas coisas a respeito deste tema. A primeira é que, ao contrário do que habitualmente se acredita, o grande poder do discurso neoliberal reside mais em sua dimensão ideológico-política que em sua dimensão econômica.

No Brasil, este fatalismo se espalha massivamente tanto no âmbito trabalhista quanto no acadêmico. Quando sustento que não podemos aceitar que trinta milhões de brasileiros e brasileiras estão morrendo de fome, a resposta que costumo ouvir é: "Paulo, é trágico, porém é a realidade." Este discurso é imoral e absurdo. A realidade não **é** assim, a realidade **está** sendo assim. E está sendo assim não porque ela queira. Nenhuma realidade é dona de si mesma. Esta realidade está assim porque estando assim serve a determinados interesses do poder.

Nossa luta é por mudar esta realidade, e não nos acomodarmos a ela. Este fatalismo pós-moderno que não existia antes é a conotação fundamental do discurso neoliberal que deve ser combatida com a máxima firmeza. Devemos estar alertas, muito atentos, levantarmos-nos na terça-feira perguntando-nos se não nos entregamos ao fatalismo na segunda-feira.

O outro ponto a sublinhar é que este fatalismo criou na prática educativa o que se chama de pragmatismo neoliberal, que tanto em educação popular como em educação regular, "sistemática" pode resumir-se em uma frase que alguns de vocês já devem ter ouvido e que diz, por exemplo: "Paulo Freire *foi*". E por que Paulo Freire *foi*? Precisamente pela dimensão utópica de seu pensamento. Paulo

Freire *foi* porque mantém essa posição esperançada e utópica que em outras partes já não existe.

E em que consiste este pragmatismo neoliberal? Em não falar mais da formação e sim do treinamento técnico e científico dos educadores. Por exemplo, a faculdade de medicina deveria treinar bem aos cirurgiões, aos clínicos, cada qual em sua especialidade. E a educação popular, sempre segundo esta visão, deveria capacitar aos artesãos, por exemplo, porém não formá-los. Este discurso lança mão também da palavra "cidadania", porém a limita essencialmente à uma boa capacitação para produzir. Para nós, em contrapartida, o bom cidadão é o bom homem ou a boa mulher, e somente se são bons homens e boas mulheres poderão ser também bons médicos ou bons artesãos. Somos *gente* antes de sermos especialistas.

Minha pedagogia segue sendo uma pedagogia da "gentificação", da "gentitude". Está voltada a formar boas pessoas e não somente especialistas. Esta é a posição que devemos assumir para frear e derrotar o avanço da ideológica do neoliberalismo.

No centro deste modelo, que não só pretende excluir as classes populares como também boa parte da classe média, não crê que no futuro a luta de classes se dará por apropriação do conhecimento?

Em primeiro lugar, nos discursos da chamada pós-modernidade, falam da morte das ideologias, porém acontece que só há uma maneira de matar a ideologia: é ideologicamente. Estes discursos sustentam, por exemplo, que não há classes sociais. Eu digo, está bem, suponhamos, para seguir com o exemplo, que as classes sociais se acabaram. Bem, agora pergunto: se acabou a exploração? Se me respondem que sim, que a exploração acabou, peço que me mostrem um lugar no mundo onde isto aconteceu. Não encontram! Lamentavelmente a exploração continua e onde há exploração continuam as classes sociais, uma exploradora e outra explorada. A exploração é quase tão velha como a história humana.

Seguindo com o tema das classes sociais, não importa que

hoje tenham este ou outro nome, as classes sociais são um produto histórico e como tal mudam historicamente. É mais fácil perceber a existência de classes sociais em São Paulo do que em Genebra, mas isto não me autoriza a dizer que não há classes sociais em Genebra. É suficiente uma análise bem feita e em cinco minutos identificamos as classes sociais genebrinas.

Obviamente, historicamente, as classes mudam, mas continuam existindo. Isto é no que acredito. Porém ao mesmo tempo não tenho nenhuma dúvida de que mais cedo do que muitos imaginam, os homens e mulheres do mundo vão reinventar novas maneiras de lutar, que nem podemos imaginar agora. Recentemente houve em Berlim um encontro de cientistas europeus reunidos para discutir uma alternativa a partir da situação de Chiapas. Foi um encontro cheio de vida, de esperança e de rebeldia, o oposto do neoliberalismo. Ali eu sustentei que hoje já podemos perceber que novas formas de rebeldia hão de ser inventadas. Eu não tenho dúvida de que isto vá acontecer, porém creio que vou morrer, e é uma pena, antes de poder vê-las. Não tenho dúvida de que este processo de re-humanização, de "gentificação" vai acontecer.

No marco deste fatalismo neoliberal, quais são suas reflexões com respeito à Educação Popular?

Na minha opinião há toda uma constelação de questões políticas e pedagógicas que deveríamos estar enfrentando no campo estratégico do que chamamos "Educação Popular".

Esta questão do imobilismo-fatalismo é obviamente uma delas. No fim dos anos cinqüenta popularizei uma palavra estranha: "conscientização". Já esclareci várias vezes que não sou o criador deste conceito, porém me sinto responsável pela compreensão político-pedagógica-epistemológica do mesmo. Uma de minhas preocupações fundamentais, já então, foi considerar a conscientização como uma postura mais radical de entender o mundo, se a comparamos com a postura que comumente definimos como tomada de consciência. Em outras palavras, a conscientização passa pela tomada de consciência, porém a aprofunda.

Quando eu tentei este esforço tinha em mente justamente a questão do fatalismo. Pretendia combater as posições imobilizantes e imobilizadoras do fatalismo camponês, que frente a uma situação de exploração, geralmente busca a razão de ser dessa situação fora da história, a explica como um desejo de Deus, como conseqüência de seus pecados ou do destino. Me perguntava como fazer para que os grupos populares fatalistas pudessem perceber que em última instância, a cultura é criação do homem e da mulher, de sua ação, de sua imaginação sobre um mundo que nós não inventamos, que encontramos pronto. Recordo que para enfrentar esta questão, me pareceu importante aprofundar criticamente o tema da cultura. E dizer: "se temos sido capazes de mudar o mundo natural, que não fizemos, que já estava feito, se mediante nossa intervenção temos sido capazes de agregar algo que não existia, como não vamos ser capazes de mudar o mundo que fizemos, o mundo da cultura, da política, da exploração e das classes sociais?"

Colocado assim, deste modo, o conceito de cultura provocou um choque. Citei algumas dessas reações em meus livros. Por exemplo, em Brasília, na penumbra de um Centro de Cultura, um varredor de rua, um gari, escutou paralisado as inimagináveis — para ele — facetas do tema da cultura, tomou a palavra e proclamou: "a partir de amanhã vou entrar no meu trabalho com a cabeça erguida, com minha dignidade recuperada, pois a realidade pode mudar". Nunca vou esquecer sua reação. "Agora tenho esperanças", disse. Com suas palavras me dizia duas coisas: por um lado, fiz um esforço e entendi, e, por outro lado, vou entrar com a cabeça erguida, com minha dignidade recuperada pois a realidade pode mudar. Outro caso fantástico foi a de uma mulher, orgulhosa, levando um vaso de argila que havia feito, proclamou: "é a minha cultura".

Diante da conscientização o fatalismo se desmorona. Por isso, quando hoje em dia os "pragmáticos" do neoliberalismo dizem: "Paulo Freire *foi*", eu lhes digo sem mágoa, mas com absoluta convicção: "não! Paulo Freire não *foi*. Paulo Freire continua sendo." E continua sendo porque a história está aí, esperando que façamos algo com ela, esperando que enfrentemos o fatalismo neoliberal que imobiliza, que sustenta, por exemplo, que o número de pessoas desempregadas no mundo é uma fatalidade deste fim de século. Isto estão dizendo os professores universitários, sociólogos, cientistas políticos. Como é possível que universitários digam que o desemprego no mundo é uma fatalidade? Que leram? Como raciocinam? Não! Não há nada fatalisticamente determinado no mundo da cultura.

Me perguntam sobre a educação popular e aqui minhas propostas não se afastam, na maior parte, do que eu fazia nos anos 60, quer dizer, trabalhar com os grupos mais necessitados em favelas, dos acampamentos, ajudar as pessoas a compreenderem que não há fatalismo na conduta humana, que a história a construímos nós e a história, por sua vez, nos constrói. Mas para que a história nos construísse foi preciso que antes nós a construíssemos. A história não podia antecipar-se aos homens e mulheres porque a história é um produto cultural. Foi criando a história que homens e mulheres se fizeram na história.

De maneira que há que se voltar a discutir este tema da conscientização dos sujeitos como fazedores da história. Não há momento mais crucial que este na formação do sujeito autônomo. E não há momento mais efetivo no discurso neoliberal que aquele no qual os sujeitos se assumem a si mesmos como meros objetos porque consideram que isto é inevitável. Há que se lutar. Há que se combater por todos os meios este fatalismo como primeiro passo para qualquer outra modificação posterior.

Parte II
Chile

Entrevistas a Boris Bezema[1]

Sem medo de amar

É um subversivo, ainda que se defina como pós-moderno, mas do tipo que acredita nas utopias. Crítico da esquerda sectária e dogmática da década de 70. Pedagogo e militante do Partido dos Trabalhadores, do Brasil, Paulo Freire é o "abecedário dos pobres". Seu método de alfabetização serviu para que milhares de pessoas descobrissem e conquistassem o mundo mágico de juntar letras. Seus livros foram traduzidos em mais de 20 idiomas e fazem parte da bibliografia obrigatória da Educação Popular.

---

[1] Boris Bezama é importante e respeitado jornalista chileno, atualmente contribuindo para o jornal Diário de la Nación, de Santiago. Estas duas entrevistas foram publicadas na revista "Educación", quinzena 23/12/1991 a 05/01/1992, páginas 22 e 23, Santiago, Chile. As entrevistas foram dadas por Paulo durante sua estadia no país que o acolheu por mais de 4 anos quando precisou de se exilar durante o Golpe de Estado brasileiro de 1964, na única viagem que fez ao Chile desde a ascensão ao poder do ditador Augusto Pinochet. AMAF.

Após vinte anos de ausência, voltou ao Chile mais jovem do que nunca. Sua vitalidade disfarça rugas e cabelos brancos e ainda que tenha 70 anos, é capaz de devolver a esperança a qualquer pessoa. Foi o que aconteceu no dia em que deu uma aula magistral no Centro *El Canelo de Nos*, durante a abertura da Feira de Criatividade.

"Eu sou paixão, sentimentos, medos, dúvidas, desejos, sou utopias, sou projetos", assim se define Paulo Freire.

Viveu no Chile após o golpe de Estado de 1964, no Brasil. "A doutrina de segurança nacional se expandirá por todo o continente e o Chile não será uma exceção", afirmava Freire antes do golpe chileno. Atualmente trabalha na Pontifícia Universidade Católica de São Paulo — em um programa de pós-graduação — e está terminando o novo prólogo da *Pedagogia do oprimido*[2], além de outros dois livros. Foi consultor do Conselho Mundial de Igrejas e ocupou um alto cargo na administração municipal de São Paulo até poucos meses atrás.

Da escola ao parlamento, existe uma falta de coerência entre o que se diz e o que se faz. Isto poderia ser uma das razões da perda de confiança nas classes governantes, na América Latina?

Efetivamente, existe uma grande distância entre o que se diz e o que se faz. Mas eu prefiro mil políticos falando uma coisa e fazendo outra do que um golpe de Estado sendo preparado às escondidas. É melhor um Congresso cheio de contradições do que um Congresso silenciado pelos militares que pretendam "nos salvar" novamente. Há um mês, no Brasil, vi um debate na televisão no qual um senador da ala governista acusou a oposição de procurar o fracasso do governo. Um parlamentar da oposição desmentiu tal afirmação e disse que o dever que os movia era tão somente o de vigiar para que as promessas que o Presidente Fernando Collor de Melo tinha feito durante a campanha fossem cumpridas, apesar de

---

[2] O prólogo se estendeu e complexificou de tal maneira que Paulo decidiu que este seria um novo livro, que foi publicado com o nome de *Pedagogia da esperança*: um reencontro com a *Pedagogia do oprimido*, São Paulo: Paz e Terra, 1992. AMAF.

ele saber que não poderia cumpri-las. Em seguida, o senador replicou dizendo que a retórica eleitoral consiste em "dizer o que não será feito para poder ganhar".

A afirmação anterior não é tradicional, mas sim coloquial. Entretanto, é melhor viver este tipo de *despedagogia* do que outro tipo de situação que toda a América Latina já teve que enfrentar. Em todo caso, são justamente estes fatos sem ética que fazem com que nós, progressistas, possamos seguir adiante para mudar a sociedade. O homem, quando deixa de sonhar, morre. Os pragmáticos nos acusam de ser românticos porque queremos transformar o mundo e porque não nos adaptamos a esta realidade injusta.

O senhor é este tipo de romântico que continua acreditando na guerrilha e na tomada do poder?

Não. Não acredito que as loucuras da esquerda nos anos 70 possam ser repetidas. Mas uma coisa é criticar esses métodos e outra é passar para o outro lado, para a acomodação imobilista.

Este não parece ser o melhor tempo para a esquerda...

Este é o melhor tempo para os progressistas, já que temos um novo desafio: entender que o socialismo real foi uma experiência macabra, necrófila, que tinha amor pela morte e não pela vida, ditatorial, sectária, incapaz de conviver com o diferente. Mas nada no mundo pode ser considerado um modelo acabado. Que o socialismo tenha fracassado ontem não significa que irá fracassar amanhã. Nossa tarefa como progressistas é assumir a responsabilidade pelos nossos erros do passado, mas ao assumi-los não é preciso desistir de continuar sendo progressista, a não ser que haja uma renuncia total. A história não é homogênea, devemos criar o futuro transformando o presente com a experiência do passado. A história não terminou. Ninguém pode decretar o seu fim. Se isto acontecesse, deveria ser inventada uma palavra para referir-se a este fato. Os sonhos não são só parte da vida política, são também parte da existência humana. Os reacionários também sonham e lutam para conservar o que não pode ser conservado.

Eu continuo sonhando cheio de fé e esperança na transformação social. O que se deve fazer é redefinir a capacidade de ler a história.

Mas a esquerda estava acostumada a fazer uma leitura exaustiva da realidade. Quem pode assegurar que agora não irá se enganar novamente?
Eu acredito que se fazia pouco. As organizações de esquerda pensavam que a história estava do seu lado. "Ela está conosco", diziam, como se a história fosse uma servente da esquerda. Muita gente acreditava numa espécie de dialética domesticada com a qual, supostamente, se chegaria ao socialismo. Isto foi apenas uma falsificação do que queríamos. Sua arrogância e seu autoritarismo sempre estiveram presentes. Agora, após a lição que tiramos de nossas experiências nestes países e nos países do Leste, devemos aceitar a diversidade.

Como se sente depois de tantas mudanças no mundo e agora que acaba de fazer 70 anos?
Muito jovem, porque estou permanentemente aberto a aprender, a saber e a conhecer. Eu faço estas três coisas todos os dias. Uma pessoa se mantém assim quando não tem medo de amar, quando não teme começar tudo de novo. Não posso entender a minha vida sem amar. Estou amando outra vez. Eu sou apaixonado por ela, Nita, por sua angelitude. Detesto o puritanismo de quem treme de horror quando vê uma mulher com um belo par de pernas cruzadas de modo sedutor. Treme porque gostaria de pecar. O puritanismo é a falsificação terrível da pureza. Para mim, o puritano é um velho, ainda que tenha 18 anos. É uma mulher ou um homem que se fecha, é uma pessoa que se encontra indiferente diante do mundo, sem perguntar sobre as coisas. O questionar-se é algo inerente ao homem. Quem não questiona está morto. Uma pessoa é nova quando se entrega à busca e à criação.

Educar para a liberdade

Vinte anos depois de ter escrito *Pedagogia do oprimido*, quais são as mudanças que aconteceram com relação aos temas que o senhor propunha no livro e como define a educação às vésperas do novo milênio?
Eu continuo pensando que a educação precisa de uma transformação que permita libertar os homens e as mulheres. Ela continua vivendo a perversidade do sistema, a incompetência científica e uma tremenda carga ideológica que faz com que os alunos sejam vistos como um "problema". No Brasil, oito milhões de crianças estão fora do sistema e isto tem uma razão de ser. Eu propus em *Pedagogia do oprimido* que a educação não é neutra, sempre é política. Além disso, não existe prática educativa sem ética e sem estética. É preciso respeitar a identidade cultural do estudante e devemos ensiná-lo a aprender. De nada serve uma *educação bancária*, onde o aluno memoriza quilos de conteúdo que não tem nenhuma importância para a sua vida.

Como é possível praticar uma educação progressista em nossos países, onde o autoritarismo faz parte do sistema educacional?
Para responder a esta pergunta é preciso aceitar que a história não é linear nem homogênea. Se fosse sempre igual seria muito

aborrecedora. Não haveria emoção nem incertezas.
A educação progressista tem seus sonhos, seus objetivos, suas buscas, seus métodos e suas limitações. Agora, colocar em prática uma educação progressista varia historicamente de contexto a contexto. Uma coisa é ensinar no Brasil de hoje e outra foi tentar uma educação progressista durante a ditadura. Uma coisa é ensinar no Nordeste do Brasil e outra é trabalhar no Chile ou na Suíça. Ou seja, cada caso é diferente, é histórico, muda de tempos em tempos, de lugar a lugar. Sendo assim, os educadores favoráveis às mudanças devem entender a maneira como os fatos acontecem na história e nunca esquecer as utopias, os sonhos. E apesar das grandes limitações que existem atualmente no sistema educacional latino-americano, as necessidades de renovação são indispensáveis não só para os nossos filhos, mas também para a sociedade como um todo que espera ansiosa por estas mudanças.
 Não podemos agir pragmaticamente na prática educativa, no ato de educar, fazê-lo de maneira utilitária. Ao contrário, temos que educar assumindo uma posição progressista, descobrindo quais são os limites que existem, os obstáculos que temos pela frente e, desta forma, assumirmos os desafios para alcançar a liberdade.
 Agora, se uma sociedade está vivendo uma experiência histórica e social muito afastada de um clima de maior liberdade, a educação progressista deve conseguir métodos adequados para estes limites.

Entretanto, a educação atual afasta-se cada vez mais de uma sociedade humanista. Isto é conveniente para o sistema neoliberal....
 Mas isto não significa que seja o fim da história. O neoliberalismo tem sua vigência. Além disso, eu não sou obrigado a ser neoliberal só porque hoje a doutrina tem certo poder, assim como nunca aceitei o stalinismo quando fazer qualquer crítica a essa forma de condução política significava ser considerado burguês, como eu fui.

O senhor considera que a crise educacional que vivemos atualmente deve-se às inúmeras mudanças e tecnologias que não foram adotadas na escola?

Não. No meu entender, a crise que vivemos na educação é uma crise política, da estrutura do Estado e da sociedade. Entretanto, não há dúvida de que estas transformações vividas fora da escola devem ser incorporadas pelo sistema escolar. Mas, advirto, é um erro pensar que o computador em si mesmo educa.

O que eu considero importante é estudar a possibilidade de introduzir um currículo interdisciplinar no sistema escolar, pois é necessário ter uma visão mais ou menos global da realidade, em lugar de uma visão compartimentada e fragmentada.

Parte III
Nicaragua

Manifesto:
10 anos de Revolução Popular Sandinista[1]

Na condição de educador, que vem dedicando a vida à construção de uma Pedagogia do Oprimido, escrever sobre os 10 Anos da Revolução Popular Sandinista é motivo de grande emoção. Isto porque na nossa Nicarágua — para exprimir o quanto nos sentimos parte desta Revolução — vem se concretizando o sonho de muitos educadores desta América Latina, que buscamos uma prática educativa profundamente inserida na luta do povo, que possa

---

[1] Desde os anos 30 o povo nicaragüense sofria com a ditadura da família Somoza. Nos anos 70 grupos de guerrilheiros de tendências diversas – comunistas, social-democratas e liberais – formaram a Frente Sandinista e lutaram contra a ditadura de Somoza. A "Revolução Popular Sandinista" foi vitoriosa em 19-07-1979. Entretanto sobreviveu com seus objetivos primeiros apenas por poucos anos. Nos anos 80, no auge do período revolucionário, Paulo visitou e contribuiu com sua compreensão crítica de educação na reconstrução da Nicarágua, sobretudo na Cruzada Nacional de Alfabetização. AMAF.

estar presente em todos os campos da vida social e que contribua para aquilo que há de mais irreversível em uma Revolução, que é a "Insurreição da Consciência", para utilizar o título da belíssima obra de Orlando Nunez.

A prioridade da educação nesta Revolução já se fez sentir logo após o triunfo de 19 de julho, quando se tomou a decisão política de realizar aquela maravilhosa Cruzada Nacional de Alfabetização que, além de obter êxitos estatísticos impressionantes na redução dos índices de analfabetismo, se constituiu num grande movimento de mobilização e educação, tanto dos alfabetizandos como dos alfabetizadores que juntos cresceram na leitura da realidade nicaragüense e, portanto, na sua capacidade de transformá-la. Seguiram-se depois os esforços de continuidade na construção de um sistema educativo no País, que pudesse incorporar a riqueza das experiências educativas desenvolvidas nas organizações populares e durante a própria Cruzada de Alfabetização.

A natureza educativa da prática desta Revolução também se faz sentir na profunda valorização da recuperação histórico-cultural da vida e das lutas do povo. Isto tem contribuído para a constituição de uma identidade nacional que faz com que se possa afirmar, por exemplo, que não é possível ser marxista em Nicarágua sem ser ao mesmo tempo sandinista e que faz com que a incorporação dos cristãos à luta revolucionária servisse de exemplo e questionamento para muitos daqueles que se acostumaram a uma leitura dogmática e doutrinária do marxismo.

É na profunda convicção e, sobretudo, na prática democrática desta Revolução que podemos encontrar grandes ensinamentos para a luta dos povos. O conteúdo popular e a prática revolucionária da democracia entendida como valor estratégico potencializa as práticas educativas e, sobretudo, cria a abertura e a flexibilidade indispensáveis a um processo revolucionário que vai se forjando nas respostas à realidade concreta e às aspirações e necessidades do povo.

É nesse contexto que se cria aquela que parece ser a maior força desta Revolução: a força moral e ética do seu povo, capaz de enfrentar heroicamente as mais criminosas investidas do imperialismo norte-americano e as graves conseqüências econômicas e sociais que elas provocam.

Como diz a letra do hino da FSLN [Frente Sandinista de Libertação Nacional], este povo "não se rende e não se vende" e segue com muita coragem, alegria e democracia construindo a sua Revolução Popular, o que muito nos ilumina e reforça em nossas práticas educativas comprometidas com a luta de libertação de todos os povos da América Latina.

São Paulo, 08 de agosto de 1989.

Parte IV
Paraguai

Seminário Dialogando com Paulo Freire[1]

Educação popular na AméricaLatina: contextualização e possibilidades nos processos de transição

Gostaria de começar esta manhã enfatizando novamente minhas posições abertas sobre as diferenças. Isto não significa que eu defenda uma posição excessivamente vazia, doce, acomodada, através da qual uma pessoa concorde com tudo o que é dito para ser sempre delicada e cortês. Esta não é a minha posição. Eu defendo a luta, eu luto muito pelos meus sonhos e pelas minhas idéias. Mas tenho um profundo respeito pelas posições contrárias às minhas.

---

[1] Os Seminários preparatórios ocorreram entre os paraguaios nos dias 28 e 29 de agosto de 1992. Paulo esteve com eles 4 dias na primeira semana de setembro quando foram realizadas as discussões, em 08-09-1992, no Centro de Convenções **Quinta Ycua Sati,** em Assunção. Transcritas as falas para textos, estes compõem a publicação "Dialogando con Paulo Freire", de onde foram retirados alguns deles para esta publicação. AMAF.

Quando vocês propõem que eu fale um pouco sobre a Educação Popular na América Latina nos dias de hoje, queria deixar claro que o que eu direi não é, necessariamente, a posição de vocês e nem a de outros, mas uma posição que pode ser democraticamente discutida. É minha posição, mas não significa que seja a mais acertada, que seja a única; também existem outras verdades.

Para falar sobre Educação Popular eu começaria fazendo uma pergunta em torno da expressão "Educação Popular". Temos aí duas palavras: uma que funciona no pensamento, na estrutura do nosso pensamento ou que possui uma tarefa substantivadora que é exatamente **educação** e que se reporta a certa atividade, a certa prática que implica compreender o conjunto da Educação Popular, a entender esta palavra substantiva que é a educação no conjunto da Educação Popular.

Em segundo lugar, percebemos que o conjunto tem uma outra palavra que é adjetiva: **popular**, com o qual eu estou juntando o substantivo educação com certa qualidade. E ainda tem mais: que precisamente por esta certa qualidade eu me obriguei a usar o adjetivo "popular". Esta certa qualidade que o adjetivo está acrescentando à substantividade do conceito educação não faz parte, necessariamente, da natureza do substantivo educação. Se fizesse, não haveria porque dizer popular.

Assim, frente a esta primeira reflexão, frente a esta primeira análise, eu percebo que não se trata de qualquer educação, mas sim, de certa educação que eu chamei de popular e que significa também que seria possível ter outros adjetivos qualificando o substantivo educação. Eu poderia, por exemplo, dizer ou escrever reflexões sobre a educação elitista e aí o elitista como adjetivo funcionaria da mesma forma. Isto é, estaria dando ou juntando certa qualidade à natureza substantiva da educação para marcar e demarcar o campo sobre o qual eu tinha falado. Da mesma forma, eu poderia dizer: reflexões sobre a educação autoritária ou sobre a educação democrática, por exemplo.

Bem, isto então chama a atenção ou exige que eu, antes de confrontar para esclarecer o que quero dizer com Educação Popular pense um pouco, me pergunte um pouco sobre a própria educação, sem considerar os adjetivos, ou seja, antes vou me deter um pouco na reflexão sobre a substantividade da prática que ela sugere: o que é esta prática que eu chamo de educação? Quais são os elementos mais visíveis que compõem esta prática?

Elementos da educação.
Como primeira experiência, um primeiro exercício de resposta me leva a concluir (o que me parece óbvio, já que inclusive não é preciso indagar se no universo não-vital existe uma prática; pelo menos até agora não foi possível perceber nele o que possa se chamar educação) que a educação é uma experiência vital, uma experiência que acontece no mundo vivo, mas não em qualquer mundo vivo. Existem diferentes níveis de vida e eu observo que somente no universo da vida humana a educação implantou-se. Eu não posso, com muito rigor, por exemplo, falar da educação entre as árvores. Por mais que eu ame as árvores não é fácil provar que as árvores se educam, mas sim que elas se cultivam.

Elas são cultivadas por nós e também por elas mesmas... As árvores se comunicam, se intercomunicam; elas também têm certo tipo de linguagem demonstrada por pesquisas recentes. Entre os outros animais, não entre nós, o que acontece é um fenômeno de adestramento e não uma prática pedagógica. Por isso seria muito difícil realizar um encontro, por exemplo, com cães: que os cães da região se encontrassem e recebessem o Paulo Freire para passar uma manhã discutindo a forma de defender o dono da casa. Não, isto nunca aconteceu. Entretanto, os cães também se comunicam.

A educação é proposta entre homens e mulheres, ou seja, de um lado, como uma necessidade, de outro, como uma qualidade que ganhamos historicamente em todo processo da nossa experiência social. Histórica não no sentido somente de preservar a vida, mas também a educação tem inicialmente uma direção muito clara que é a de transmitir de uma geração a outra seus elementos culturais, suas formas de defesa. Ou seja, a educação foi e continua sendo uma invenção nossa.

Portanto, a educação que acontece entre nós acontece

somente entre nós, seres humanos. A educação implica determinados objetivos, determinadas finalidades que eu costumo chamar de nossos sonhos, que pressupõem agentes ou sujeitos que atuam. Implica certo conteúdo, certo objeto que, pelo lado do professor, deve ser ensinado, e pelo lado do aluno, deve ser aprendido. Portanto, sonhos que vão além da própria educação, além da prática educativa. Sonhos de sujeitos que exercem a prática educativa entre sujeitos e objetos cognoscíveis que são os conteúdos da educação. Estes objetos que, por um lado, mediatizam os sujeitos, devem ser ensinados pelos educadores e educadoras, e, por outro, devem ser aprendidos pelos educandos e educandas.

Proponho pensarmos em algo fundamental que é exatamente compreender muito seriamente o que significa ensinar, o que significa aprender. Para que possamos compreender o que é ensinar e aprender devemos antes saber quais são os momentos de um processo maior: o processo de conhecer.

O educador precisa utilizar determinados procedimentos através dos quais se aproxima, bem ou mal, com mais ou menos rigor, do objeto que ele ensina e, ao ensinar, ele re-aprende ou re-conhece o que já sabia. Assim, a sua tarefa de ensinar é uma tarefa que, ao mesmo tempo em que ensina, re-corda, re-aprende, re-conhece e possibilita o conhecer dos alunos e alunas. Portanto, enquanto os alunos procuram conhecer, os educadores estão reconhecendo o objeto que ensinam.

É impossível que exista uma prática sem que estes elementos estejam ligados. Nunca existiu nem poderá existir. Tentando compreender isto, entendemos ou percebemos que quando uma educadora ou educador não sabe bem porque é educador, não sabe bem porque luta, a tendência é burocratizar-se. É simplesmente ganhar um bom ou mau salário enquanto tenta conseguir algo melhor. Mas acontece que se eu sou um educador, devo ter clareza com relação a esta utopia que é exatamente o meu sonho, que é um sonho em torno da própria sociedade, em torno da vida social e política da qual eu faço parte.

Em outras palavras, como dizia ontem: Qual é o perfil do

educador? Qual é o projeto de vida social, de vida econômica, de vida política que eu tenho, que os muitos educadores e educadoras têm não para moldar os jovens ou os adultos, mas para defender junto a eles e elas esse sonho?

Precisamente porque não existe educação sem isto, sem sonho, é dito que a educação é sempre diretiva. Houve muita gente que me criticou dizendo que eu não era diretivo, o que foi uma interpretação errada sobre mim, sobre o trabalho que venho fazendo há décadas. Não se pode confundir diretividade da educação com manipulação. Eu sou diretivo, mas não manipulador. A diretividade explicita precisamente a impossibilidade de neutralidade da educação. A educação nunca foi neutra e não o será agora. Mas a sua não-neutralidade não significa que eu deva ser autoritário porque sou diretivo. A diretividade pode e deve ser democrática, ou melhor, eu caminho pela rua da diretividade democraticamente, porque existem "as" e "os" educadores que percorrem o mesmo caminho manipuladoramente. Daí que se pode e se deve dizer: esta é uma educação democrática e esta é uma educação autoritária. A educação autoritária é aquela cuja diretividade é apossada pelo educador (que a toma na mão) e que, desta forma, com seu poder, manipula os alunos; enquanto que a educação democrática é aquela em que a manipulação não existe, a não ser como contradição.

Assim, esta é uma dimensão que encontramos quando nos perguntamos sobre a educação como qualidade, como prática, é a experiência de estarem juntos, educadores e educandos, mediados pelo objeto que procuram conhecer e re-conhecer, e ir mais além desta própria experiência docente, que é em última instância a diretividade da educação.

Eu acredito que um dos maiores deveres da educadora ou do educador frente a seus alunos e seus educandos é testemunhar seu respeito, o respeito a si mesma e a si mesmo. Por exemplo: eu confesso a vocês que conheço muita gente que faz isso, mas vejo uma contradição, por exemplo, em uma educadora, uma professora democrática, consciente, que está certa de seus sonhos; entretanto, em seu trato com os alunos não dá testemunho da seriedade e do respeito. Primeiro por ela mesma, depois por seus alunos. Que ela chegue, por exemplo, desarrumada à sala de aula. É claro que a sala de aula não é um salão de beleza nem um desfile de modas, mas acredito ser um dever de educador e educadora cuidarem de sua aparência o melhor que possam. Deveriam estar sempre limpo, com um vestido bonito, com uma roupa arrumada, se vestir pobremente, mas decentemente. E o que eu quero dizer com decentemente não tem nada de puritanismo, mas com a estética.

A estética está muito próxima da ética, da beleza e da decência; não há como fugir disso para ser uma boa ou um bom educador. Por isso eu disse: sala de aula não é um lugar para uma exposição de moda, porque inclusive os salários são péssimos e a professora que ganha apenas este salário horrível não pode estar vestindo a última moda de Paris. Mas com uma roupa barata é possível estar bem vestida. Eu acredito que este testemunho de simpatia pela beleza, de abertura à beleza, é uma coisa fundamental.

Enfim, a sala de aulas, a escola, é um espaço-tempo de respeito a si e aos outros. De seriedade, sem ser fechado. É preciso brincar com a alegria de viver, mas ser sério. É preciso ser rigoroso sendo um *ser* aberto. É preciso ser um *ser humano* íntegro e ético.

A educação é um ato no qual se desenvolve um processo de conhecer. Não existe educação sem conhecimento e este conhecimento acontece através do ato de ensinar do educador e do ato de aprender do educando. Mas o educando só aprende quando apreende o objeto e não quando recebe de memória ou guarda mecanicamente a descrição do objeto.

A educação é política e pode ser democrática, assim como elitista e autoritária. Por esta razão não é neutra, depende da opção. Por um lado, da opção política da educadora, depende da coerência que a educadora ou o educador tenha com relação à sua opção. Mas é preciso admitir que a prática autoritária é muito comum, sobretudo quando passamos para a etapa de transição política que está cheia de incoerências, porque depois de 40 anos de experiência ditatorial não é fácil para nós alcançar um equilíbrio que supere o medo de falar, o medo de criticar. Não é fácil superar o gosto de mandar — quando alguém tem um centímetro de poder sente-se igual a um general. Em nossos países, o porteiro de uma festa pode ter uma conduta tão arbitrária quanto a de um general quando dá um golpe de Estado. É uma coisa incrível. Não importa a condição: general, coronel, cabo, sargento ou vigilante, todos, se têm um pouquinho de autoridade, sofrem uma hipertrofia na autoridade que é uma coisa terrível.

Toda educação é política, não pode deixar de sê-lo. O que não significa que os educadores imponham as linhas do seu partido aos educandos. Uma coisa é a politicidade da educação e outra coisa é a opção partidária do educador. Eu não tenho o direito de impor aos educandos e educandas a preferência pelo meu partido no Brasil, de maneira nenhuma. Mas tenho o dever de dizer aos educandos qual é o meu partido. Isto de dizer que o educador deve manter uma distância para não influir nos educandos para mim é profundamente falso. Eu não tenho dúvida de que o grande respeito que tenho pelos educandos manifesta-se no testemunho que lhes dou sobre a força com que luto pelos meus ideais. Isto é educativo. Agora, ao mesmo tempo, devo respeitar profundamente as idéias deles e delas, ainda que contrárias às minhas, porque se eu me afirmo e proíbo que eles se afirmem, então eu sou autoritário, incoerente e minha pedagogia é hipócrita.

Então, numa época de transição política, uma das maiores experiências que temos que fazer é ver como superar, e esta superação não se faz somente através de discursos. Temos que ter uma prática contrária à tradição autoritária e exercer uma reflexão crítica sobre a prática, para entender exatamente os nossos desvios.

Isto vocês já sabiam, mas aqui por uma questão metódica estou repetindo só para deixar claro: não é possível compreender a educação fora destes elementos.

O que é Educação Popular?
Agora que eu estou convencido de que a educação é uma tarefa nossa, uma tarefa humana, que a educação não é neutra, entendo claramente a razão pela qual se denomina Educação Popular.

E eu me pergunto: O que eu quero expressar exatamente quando digo "Educação Popular"?

O adjetivo "popular" refere-se ao povo e não a elite. Povo, no sentido mais amplo, não tem nada a ver com as classes dominantes. Quando dizemos povo não estamos incluindo neste conceito os industriais e eu não quero dizer que os industriais não fazem parte de uma outra compreensão do conceito de povo, de povo de um país. Eu não tenho o poder de separá-los como eles fazem conosco. Mas de um ponto de vista sociológico e político, eles obviamente não são o povo. Quando eu digo Educação Popular, refiro-me a educação para um certo tipo de classe social.

A Educação Popular está relacionada, em um primeiro momento, com a educação das classes populares. Portanto tem a ver com uma educação que poderíamos dizer, em uma linguagem mais religiosa, "educação dos pobres". Eu não gosto desta expressão, mas tem a ver exatamente com a educação dos oprimidos, a educação dos enganados, a educação dos proibidos. Pelo menos eu penso desta forma.

Precisamente porque eu penso assim, quando falo de Educação Popular, é que tento que esta educação popular educação popular esteja, primeiro, a serviço dos grupos populares ou dos interesses dos grupos populares, sem que isto signifique a negação dos direitos dos grupos das elites. Não estou dizendo que devemos matar as crianças ricas, nem negar-lhes educação. Não, não é isto. Mas o grande objetivo da Educação Popular está exatamente em atender os interesses das classes populares que há 500 anos estão sendo negados.

Segundo: precisamente porque descubro no conceito da Educação Popular esta direção da prática encaminhando-se para estes interesses, trabalhando a favor destes interesses, eu também descubro que gostaria que a prática da Educação Popular desse alguma contribuição para a transformação radical da sociedade para que, de verdade, os grupos populares ganhem presença política, ingerência política, comando, no novo poder que deveríamos criar.

De um modo mais radical a Educação Popular significa, para mim, caminhos, isto é, o caminho no campo do conhecimento e o caminho no campo político, através dos quais amanhã — e aí vem a utopia —, as classes populares encontrem o poder. É isto que significa Educação Popular para mim; o que significava nos anos 60, o que significava nos anos 70, o que significava nos anos 80 e o que significa hoje também. E isto nada significa para o discurso neoliberal. Não tem nada a ver. E para mim, um dos grandes riscos que estamos correndo hoje, homens e mulheres progressistas, está no fato de nos sentirmos cansados, existencialmente cansados, de tanto insucesso, de tantos golpes, da queda do Leste Europeu, da famosa morte de Marx, da propalada morte do socialismo. Um dos riscos de alguns ou de muitos de nós está em entregar nossos corpos cansados à cantiga do neoliberalismo e dormir nos braços neoliberais que dizem que não se deve mais pensar em viver, que a Educação Popular atual deve ser a educação que capacite os pobres para que consigam um trabalho. É isto o que está explícito no discurso neoliberal.

Agora vocês poderiam dizer: "Mas Paulo, você não está de acordo com a capacitação profissional?". Estou. Não há dúvida de que neste tipo de educação para o poder que nós defendemos também existe a seriedade na formação do trabalhador. Por exemplo, se nós trabalhamos com um grupo de pedreiros, é importante preparar um pedreiro para que ele seja o melhor; mas esta prioridade na formação profissional não esgota o objetivo da Educação Popular, porque existe outra prioridade ao lado dela, sem a qual aquela não funciona do nosso ponto de vista da libertação. Funciona apenas do ponto de vista da domesticação.

A outra prioridade é exatamente a que trata da história geral dos pedreiros, da história geral da classe trabalhadora, das relações entre homens e mulheres, da tecnologia, da política, do direito de ingerência, de refazer a sociedade civil. Isto é o objetivo fundamental, é a prioridade fundamental também da prática da Educação Popular hoje na América Latina e em qualquer lugar.

O desafio da reflexão crítica.

Eu notei, não sei se vocês também, que em certos lugares da América Latina se diz que o tempo de Freire já passou e isto também é parte do discurso neoliberal. Tem sido dito que o que nós temos que fazer agora é centrar a Educação Popular nas atividades produtivas, através de cooperativas ou de qualquer outra coisa. O que eu digo é o seguinte: que isto seja feito, mas, por favor, que Educação Popular não se restrinja a isto. Se vinte pessoas comem melhor, seria uma loucura sentir-se triste por isso, mas não se deve dormir sobre os louros conquistados. Um educador popular progressista deve continuar o debate sobre, por exemplo, qual é o risco de inserir-se no sistema capitalista. Porque não há dúvida de que um grupo, uma cooperativa de produção e de consumo dentro da sociedade capitalista será capitalista, e como capitalista também irá prejudicar os seus companheiros. Não há dúvida disso... não há dúvida. Irá fazer a mesma coisa com seus companheiros e irá entrar na mesma lógica do que faz o patrão com seus empregados, porque isto faz parte da lógica natural do capitalismo, que é mudo em si mesmo. Olhem, Deus faz milagres, mas não absurdos; não transformará o capitalismo em uma postura humanizante. Não, nem Deus pode fazer isto, porque Deus tem uma lógica que Ele respeita. Talvez alguns bispos e papas tenham tentado, mas Deus não.

É neste sentido que eu penso e peço desculpas por parecer pouco humilde, mas continuo dizendo que Freire não passou, assim como não passou ninguém que defenda uma posição dialética, uma posição progressista, uma posição que não se iluda com estes "cantos de sereia" que temos atualmente... com esses discursos. Então, tanto hoje como antes, o desafio para uma reflexão crítica em torno da história, o desafio para um conhecimento mais crítico de como a sociedade trabalha e funciona, está no centro da própria preocupação com a Educação Popular. Na América Latina — ou em qualquer outro lugar — poderíamos ver "n" elementos que contribuem para esta inserção crítica das classes populares em busca do poder e da reinvenção do poder. Não se deve apenas tomar o poder, é preciso também recriá-lo.

Eu acredito que vocês já estão desenvolvendo uma das virtudes desta luta de acordo com o que li em alguns relatórios. Por exemplo, a tolerância, da qual vocês me falaram ontem. Em sociedades como as nossas que vivem experiências ininterruptas de autoritarismo, a intolerância é uma coisa terrível. O intolerante simplesmente recusa o diferente; basta ser diferente para que o intolerante não o aceite.

Isto é um absurdo, primeiro porque as pessoas têm direito de ser diferentes. Segundo porque o mundo seria profundamente "intragável" se todos fossem iguais. Certamente eu não gostaria de viver se todas as pessoas fossem como eu. Eu tenho que ser eu mesmo, como sou, diferente dos outros.

Mas voltando ao assunto de que o tempo de Freire passou, eu insisto no contrário, pois também não passou o tempo da compreensão crítica do mundo. Mas não se deve entender compreensão crítica por racionalismo. Não é reduzir a experiência humana ao racionalismo cartesiano. Não é isto. Por outro lado, não é pretender um conhecimento total sobre o mundo. Hoje em dia já descobrimos que isto é impossível, mas não podemos negar que o exercício de transformação demanda uma afirmação política que, por sua vez, demanda uma opção ou ao demandar uma opção política acarreta um processo de ruptura. Não existe opção sem ruptura e não existe ruptura sem decisão; não existe decisão sem eleição e não existe eleição sem comparação; não existe comparação sem avaliação e não existe avaliação sem conhecimento dos negados e dos avaliados.

Então, o processo de transformação é estético, ético, político e cognoscitivo. Implica que eu devo conhecer cada vez mais, não somente o objeto que eu quero transformar, mas as razões pelas quais eu devo transformá-lo, as finalidades pelas quais eu devo transformá-lo. Isto implica também que eu preciso conhecer algo mais além do próprio objeto. Então, tudo isso significa um exercício crítico de percepção do mundo; uma lucidez e não uma paixão pura, que também deve existir, porque é com meu corpo inteiro que eu vou à luta pela transformação: é com a minha paixão, com meu desejo, com minha frustração, com meus medos, etc., etc., mas também com meu saber. Então, neste sentido, o tempo de Freire ainda não passou. Se alguém me provar que é possível desenvolver um processo de transformação sem nenhuma preocupação cognoscitiva, ética, estética, então eu retirarei todos os meus livros das editoras e farei um comunicado ao mundo dizendo: "realmente passei". Mas ninguém pode provar isto. Agora, é preciso mudar os métodos de trabalho, as leituras sectárias do mundo, a maneira como tratamos os temas; tudo isso tem que ser constantemente reinventado e eu diria que para estas coisas não deve haver "receitas". É preciso fazer tudo isso.

Creio que pelo menos disse a vocês como eu me situo. Entretanto, estou totalmente aberto à mudança. Eu espero, depois da publicação deste livro que acabo de terminar, que muitas críticas sejam feitas porque eu critico duramente este tipo de neoliberalismo, de discurso adocicado, manhoso, mentiroso contra nós, e digo que para mim o meu sonho socialista está mais vivo do que nunca. Minha utopia vem desde minha na infância e está cheia de vida, de inspirações, de sonhos. Escrevi 250 páginas de um livro[2] sobre tudo isso, mas se me convencerem de que eu estou enganado... eu mudo.

---

[2] Trata-se de *Pedagogia da esperança: um reencontro com a Pedagogia do oprimido*; ver nota 2, Parte 2, Chile. AMAF.

Debate

Inicia-se o debate com várias perguntas respondidas por Paulo.

CONSULTAS I

Primeira rodada de perguntas.

Um dos aspectos fundamentais para a educação, e concretamente no nosso caso, passa pela economia. O senhor, professor, disse algo, mas eu gostaria que desenvolvesse mais o tema. Temos muitos problemas no trabalho educacional e um deles é o aspecto tecnológico. Como podemos, no âmbito da Educação Popular e também da educação sistemática, acadêmica, enfrentar esta problemática da tecnologia, quando temos tantos outros problemas para resolver?
Eu acredito que a exposição de Freire é um sopro de esperança e nela é possível notar a juventude de Paulo Freire. Penso que, basicamente, todos sonhamos com a utopia. Acho que um tema importante e crítico, especialmente nos dias de hoje, é o das mediações para a realização da utopia. Quando falamos de mediações, trata-se de mediações concretas sobre o que é Educação Popular baseada no âmbito político e social

mais abrangente em que nos situamos.
Penso que a Educação Popular é frágil em um aspecto: ela não nos oferece modelos claros de sociedade alternativa. Ainda que a Educação Popular possa despertar a consciência de um amplo setor, ela não oferece a ele um modelo de sociedade. Então, esse setor copia modelos que já existem e desta forma, fracassa. Por esta razão digo que a Educação Popular é frágil em um aspecto e corremos o risco de que os grupos organizados, conscientizados, copiem ou aceitem propostas de partidos políticos (de esquerda ou de outra vertente), com modelos que nasceram em outros ambientes. Desta forma, proponho refletir sobre este assunto.
Gostaria que Paulo aprofundasse um pouco mais o conceito de tolerância e diversidade.

Respostas de Paulo Freire

O aspecto econômico
Obviamente eu reconheço a força do econômico, não somente na educação. Muitas pessoas se equivocam ao pensar que podem criar projetos de natureza estética, de natureza pedagógica ou social, sem considerar as bases econômicas que constituem o sim ou o não destes projetos. A base econômica é fundamental para este tema por duas razões: a primeira, porque ela é fundamental, inclusive, para criar a minha idéia e condicionar o meu "eu", os nossos "eu". Segundo, porque sem dinheiro não se faz educação, não se faz nada. Uma das coisas que teríamos que fazer dentro de uma perspectiva obviamente progressista é uma reorientação dos gastos públicos, da política dos gastos públicos e obviamente isto não pode ser feito simplesmente pelo administrador. Por exemplo: eu me lembro de todos os problemas que Luiza Erundina teve para redirecionar os gastos públicos como prefeita da cidade de São Paulo. Ela, como Poder Executivo, pode fazer muitas coisas, mas não se consegue fazer nada se não se tiver o Poder Legislativo e o Judiciário ao seu lado.

Mas não somente é necessário redirecionar a política de gastos, como também a política de aproveitamento das condições de trabalho e as possibilidades de trabalho das pessoas contratadas, mas que nem sempre trabalham. De acordo com a legislação, com a Constituição Brasileira, não se pode despedir um monte de gente. Então é exigência o dever de reformular o uso do tempo dessas pessoas porque existe gente que está ganhando muito dinheiro público sem, de fato, trabalhar.

Quando eu assumi a Secretaria da Educação, a primeira resolução que assinei foi convocar todas as pessoas que recebiam salários através da Secretaria da Educação para que, em um prazo de três dias, comparecessem em seus postos de trabalho. E recebi pressões de todos os lados para "fechar os olhos" e deixar as coisas como estavam, mas me recusei a fazer isto. Por exemplo, disse para uma pessoa: "a senhora foi nomeada professora, tem dez anos de trabalho, não pode ser despedida, mas deve estar em seu lugar de trabalho", e ela respondeu: "mas eu moro em Brasília"; então eu disse: "deixe o seu trabalho em Brasília e venha trabalhar aqui".

Entretanto, existem momentos nos quais só a reorientação da política de gastos públicos não é suficiente e aí entramos na questão substantiva da produção. É certo que o desenvolvimento econômico dos nossos países latino-americanos tem muitos problemas, muitos "freios", e isto influi em tudo. Mas se, além disso, não existir um redirecionamento dos gastos, então não há como trabalhar. E educação é algo que implica investimento. Não se faz educação sem gastar dinheiro; por menos que se gaste, por mais criatividade que uma pessoa tenha no que se refere a aproveitar materiais recicláveis e por mais que possam surgir milhares de idéias, é preciso ter dinheiro e pagar bem os educadores e educadoras.

Eu acredito que o discurso de formação, o discurso científico e também o discurso a favor do gosto de ser educador são palavras ao vento se o educador não tiver condições de se alimentar, de morar bem, etc. A materialidade é fundamental, é absolutamente fundamental. Porque, como pode uma professora melhorar cientificamente os seus conhecimentos se ela não ganha o suficiente nem para comprar o jornal? Como ela pode ler um livro ou dois? É preciso estar atento para estas questões.

Em 1990, a Secretaria da Cultura da prefeita Erundina, que era dirigida por uma das grandes filósofas do Brasil, professora Marilena Chauí, gastou alguns milhares de dólares para refazer bibliotecas públicas e modernizá-las, e para fazer isto foi preciso redirecionar a política de gastos. Mas devemos considerar que uma secretaria de governo, antes de ser uma peça técnica de finanças, é uma peça político-ideológica. Você lê uma proposta de orçamento e através dela pode ter o perfil ideológico do governo, de um governo que gasta 1.000 dólares em quatro anos em livros e 200 milhões em salários de funcionários altamente especializados que não trabalham.

Eu estou profundamente preocupado pela questão econômica dos seguintes pontos de vista: por um lado, basicamente reconhecendo na produção um elemento, não diria determinante, nem mesmo Marx disse desta forma, mas sim, condicionante da subestrutura que é a educação e, por outro, porque para desenvolver uma educação menos ruim é preciso investir dinheiro na capacitação dos funcionários. Agora, além disso, temos que considerar a questão da formação do educador e, em primeiro lugar, fazer morrer e ressuscitar um novo tipo de educador. Neste sentido pouco fazemos. É uma questão para 100 anos e já deveríamos ter começado há muito tempo.

O aspecto tecnológico

O aspecto tecnológico também é uma coisa interessante e no discurso pós-moderno sectário ele está claramente inserido. Vou discutir dois pontos: um é a ideologia, o outro é a tecnologia como expressão de uma opção ideológica no sentido de reduzir toda a prática educacional à prática tecnológica. Não é por acaso que as universidades norte-americanas dão muita ênfase aos seus departamentos de educação tecnológica. Mas, atenção, eu não estou dizendo que não devemos utilizar a tecnologia. Pelo contrário, eu acredito que um homem e uma mulher têm que estar a altura do seu tempo, e não é possível que nos dias de hoje um educador negue o computador, o vídeo e os inúmeros elementos tecnológicos que podem ajudar no seu trabalho pedagógico. Por exemplo, fui convidado por um dos pais do uso tecnológico e da tecnologia como busca humanizante, o professor Seymour Papert, do MIT (Massachusetts Institute of Technology), que trabalha com modelos de computação para crianças, para um encontro internacional em março do ano que vem em Boston, para discutir a questão da tecnologia e da educação: o que fazer, como trabalhar as duas coisas. Enfim, acredito que, primeiro, não se deve reduzir a educação à uma tecnologia; segundo, é preciso criar novos saberes, novas metodologias, novas relações entre os sujeitos que buscam o saber e as tecnologias mais avançadas postas a nosso serviço.

Eu sei que uma coisa não pode estar separada da outra, mas vejo que a dimensão mais substantiva da questão é a primeira, a redução da educação à uma tecnologia. A educação se serve da tecnologia, mas é mais do que a tecnologia. Segundo, eu acredito que o uso de técnicas, o uso de materiais, é indispensável; o educador ou a educadora tem que libertar a sua imaginação para inventar "n" coisas com as crianças. Às vezes não existem brinquedos, mas é possível construir os brinquedos. O problema é que vivemos tão longe das possibilidades concretas da cultura popular que não sabemos usar os elementos criadores que elas possuem e que também são técnicos.

Há pouco tempo uma educadora me disse rindo que um menino tinha sido submetido a uma bateria de testes para medir sua capacidade rítmica e que estes testes indicaram que ele tinha dificuldades rítmicas e que não tinha capacidade de aprender. Por esta razão, não podia alfabetizar-se. Vejam só, não tinha ritmo, então tinha dificuldades motoras, etc., e ela me disse que quando estava lendo o resultado do teste, o menino, que estava acompanhado de sua mãe, assoviava e dançava batendo o rítmo do samba numa caixa de fósforos. O corpo do menino *desenhava* a sala e os testes o consideravam incapaz. Então, esta ignorância da escola com relação ao que é o aluno é uma coisa trágica, e isto, no meu entender, revela primeiro uma dimensão ideológica que implica a realização de uma espécie de psicanálise histórico-cultural-ideológica-política-social das educadoras para que descubram no mais íntimo delas mesmas as marcas da ideologia dominante, segundo a qual as crianças populares são ontologicamente incompetentes. Se a criança é popular, então por natureza é incompetente em todas as atividades, não pode aprender a ler, etc. Isto está dentro de muitos professores, não da maioria, mas sim de uma grande parte deles. Foi uma das grandes brigas que tive quando fui Secretário da Educação da cidade de São Paulo: incentivar que professores e professoras assumissem ou desvelassem a ideologia elitista embutida em cada um deles ou delas. Penso que ao mesmo tempo em que os professores desenvolvem sua formação científica, teriam que fazer um exercício psicanalítico. Não é necessário o divã, mas é necessário possibilitar a saída de todas estas marcas, estes sinais elitistas, profundamente elitistas, e trabalhar para que os professores, no final, queiram se abrir para a cultura popular.

Mediações para a utopia

A primeira coisa que os utópicos e utópicas devem fazer, constantemente, é trabalhar para que a utopia torne-se possível; a única maneira de vivenciar a utopia é viabilizando-a. Se nós não a viabilizarmos, ela continuará sendo inevitavelmente utópica, no sentido negativo da expressão e não no sentido verdadeiro da palavra: que ela é um sonho impossível hoje que é preciso tornar possível amanhã. E no processo desta busca é que as mediações se impõem, mas para que se descubra e se acredite na mediação, novamente é necessário o conhecimento, porque eu não posso trabalhar as mediações por pura intuição e ainda quando intuitivamente alcançar certas mediações, preciso daquela que me faça cada vez mais crítico, que eu apreenda, sem sombra de dúvida, o papel mediador da prática na qual estou inserido.

Por exemplo, quando um general dá um golpe de Estado ele procura as mediações, entendem? O Golpe não nasce puro e casto. Nasce envolto em mediações. Às vezes, a mediação é uma mediação profundamente pessoal. Entretanto existe, e é algo que se necessita para caminhar com a prática e novamente eu acredito que quando vocês propõem isto, sua curiosidade pode receber a denominação técnica de epistemológica, porque não é uma curiosidade simplesmente em torno da superficialidade do objeto, é uma curiosidade que leva a adentrar-se no objeto para compreendê-lo em sua razão de ser. Não é fácil fazer isto. Não é fácil fazer política e isto que estamos discutindo aqui e que se chama Educação Popular é política, é prática política na mais pura expressão, e envolve processo cognitivo, processo de conhecimento, finalidade, etc. É prática política.

Modelo de sociedade alternativa

A seguir vem a discussão sobre a falta de alternativas nos dias de hoje, sobretudo depois da queda do chamado mundo do socialismo realista. De repente, as esquerdas do mundo inteiro levaram um susto, a direita ficou convencida, atrevida, em seu discurso neoliberal. Mas eu não tenho dúvida de que isso não vai subsistir. Este discurso não durará 15 anos. Não só na Europa, mas também nos EUA, este discurso começa a ser discutido, principalmente em relação ao papel do Estado, porque um dos conteúdos deste discurso é que o Estado deve renunciar a tudo; quase chegam à utopia marxista do desaparecimento do Estado, só que neste caso tudo deve ser privatizado. No fundo, o que a classe dominante faz é privatizar o Estado; o Estado passa a ser propriedade da classe dominante. Mas esta onda neoliberal é voltada para a América Latina e não para os sistemas fortes como os EUA, a Alemanha e o Japão.

Por outro lado, até agora o mundo capitalista jogava sobre o mundo comunista a culpa de tudo. O mundo capitalista não podia resolver o problema da fome dentro dele porque tinha que se preocupar com as "maldades" do mundo comunista, mas agora o capitalismo terá que resolver seus problemas sem jogar a culpa em um bode expiatório. Por exemplo, o que acontece com a tão falada excelência do capitalismo? Eu me pergunto: que excelência é essa que convive com milhões de pessoas nas ruas? Para mim basta que um homem e uma mulher estejam na rua, sem casa, para que eu diga que esta economia anda mal. Acontece que não é apenas um homem e uma mulher, não são somente duas pessoas na rua, são milhares de pessoas e elas estão nas ruas porque se diz que a responsabilidade é delas. Porque este tipo de sociedade cria uma ideologia que faz com que o ideologizado assuma a responsabilidade pelos fracassos criados pelo sistema. Então, eu vou para a rua não porque o sistema é mau, mas porque eu fracassei como pessoa. As crianças negras norte-americanas não aprendem bem o inglês não porque são discriminadas e maltratadas, mas porque "são inferiores". Onde está a excelência de um sistema que convive com a discriminação, com a morte? Que excelência é esta que permite que o líder máximo do sistema se recuse a assinar no Rio de Janeiro um documento que defendia um mínimo para os povos dominados, quando eles levam tudo o que temos e depois os vendem como bananas? E isto não é porque o Presidente norte-americano seja mau em si mesmo, porque cada um de nós tem suas próprias maldades. Mas nós somos seres sociais e históricos e não podemos cultivar virtudes em uma terra sem virtudes.

    Desde que se fala de socialismo e começando pelos utópicos aos quais teríamos que voltar, até hoje eu nunca encontrei um momento tão propício na história para a realização de nossa utopia. Certamente não para mim, para a minha geração, talvez para nossos netos, o que já é formidável porque eu costumo dizer que 15 ou 20 anos na vida de uma pessoa pesa muito, mas 20 anos na vida do Brasil ou de qualquer nação não é nada. Eu não vivo em função dos meus 70 anos, vivo em função dos mil anos que o Brasil terá, dos dois mil anos de história total do meu país, do seu país, dos nossos países. Então, eu não trabalho em função de mais 5 anos que terei ou de mais 10 anos, pelo menos, produtivos, que ainda viverei,.. talvez daqui a dez anos eu fique um pouco mais em casa, se estiver vivo, o que eu espero que aconteça. Mas eu trabalho, falo, canto, grito, amo, tenho raiva, ódio, em função da história que está para ser feita nos nossos países e deste ponto de vista nunca tivemos um tempo melhor do que este. No meu entender, está sendo tirado o disfarce de toda uma ideologia disfarçada e disfarçante. Agora, ela não se rompe sozinha, é preciso quebrá-la, isto é, temos que trabalhar neste sentido. E neste sentido gosto do partido ao qual pertenço no Brasil, o Partido dos Trabalhadores, que continua dizendo "não", continua recusando certo tipo antiético de conciliação. Continua gritando, continua denunciando o Presidente Collor. E não é por coincidência que tivemos, nós do PT, milhões de votos. Lula quase foi Presidente da República e quando eu viajava para cá li os resultados de pesquisas feitas em todo o país que revelavam que Lula ganharia a eleição se esta fosse agora. Como isto pode ser explicado? As pessoas sabem que Lula faz um discurso socialista não louco, mas socialista-democrático.

No Brasil existem pessoas que morrem de medo de Lula porque ele é um operário. Sim, um operário. Lula fala e a situação histórica do Brasil muda em três meses, o povo sai às ruas novamente. Isto não significa que o Presidente Collor deva ser expulso através de um golpe. Nunca, porque seria atrasar o processo político do Brasil e também da América Latina, seria um péssimo exemplo para o mundo. Mas, ainda que permaneça como presidente através de um artifício, a história brasileira mudou de qualidade em três meses!

Para mim, um dos nossos grandes riscos é cair na tentação da imobilização fatalista. É o risco de dizer: não há nada a fazer, essa gente tem muito poder e não podemos fazer nada. Eu acredito que podemos fazer algo. A própria experiência de alternância de governos. Por exemplo, tivemos agora um governo na cidade de São Paulo por 4 anos e fizemos coisas diferentes nestes 4 anos: acabamos com a desonestidade no nível mais alto, prevenimos no nível intermediário, mas, infelizmente, não ganhamos a batalha no nível mais baixo...

Os fiscais (alguns) continuaram fazendo coisas... mas foram somente 4 anos... Se tivéssemos 8, provavelmente chegaríamos até a base. Trouxemos as massas populares para dentro dos organismos públicos para discutir com a prefeita o projeto de orçamento da cidade. Não existe maior participação do que esta:

participar da organização do orçamento público. Transformamos a escola... isto só em 4 anos. Amanhã entra um governo de direita, desfaz 50% do que fizemos, depois de amanhã ganhamos de novo e é assim, indo e voltando que fazemos a história enquanto continuidade e, sobretudo, enquanto possibilidade. A história é possibilidade e não determinação.

Tolerância
O meu discurso é um discurso de tolerância. É um discurso que sendo tolerante, defende a unidade na diversidade. Isto significa que não é possível continuarmos separados na América Latina só porque o imperialismo precisa que estejamos separados. É preciso vencer o poder das classes dominantes que também não nos querem unidos para, assim, poder explorar-nos. É preciso ir além das diferenças para ganhar, criar e inventar uma unidade necessária e indispensável. Eu diria aos senhores que a unidade na diversidade é algo que se inventa politicamente. Ela não existe como fenômeno espontâneo. Ela só existe como fenômeno criado, inventado e por isto é um ato político, de decisão política, no qual as lideranças devem transformá-la em um objeto pedagógico, isto é, discutir com os grupos populares sempre que possível o que é a unidade na diversidade.

CONSULTAS II

Uma questão que me preocupa muito e é uma preocupação de todos é o papel do educador popular... digamos... o seu principal perfil. Fala-se muito de coerência, a coerência da vida do educador e também a coerência devida, no sentido do dever ser. Porque não podemos fazer uma Educação Popular desinteressada, sua definição é a de tomar uma posição. Então, ao tomar uma posição, deve estar necessariamente localizada em algum lugar, com uma perspectiva diferente.

Outra coisa que me preocupa bastante e que se discute muito é a formação que o educador popular deve ter. É uma

formação não-acadêmica, é uma formação necessariamente sobre a experiência, é lógico, mas de onde parte e para onde vai? Esta formação é vista a partir de que perspectiva? E uma coisa que sempre me ajuda a refletir é o que disse um educador popular muito famoso, Jesus Cristo: "onde está seu tesouro, está seu coração". E nesse sentido me parece que se deve olhar a coerência e o que estamos procurando através do ato de educar. Não estamos a serviço de uma ou outra educação, mas sim, a serviço do homem e da mulher.

Acontece que, como o meu campo é o campo visual, eu confio muito no que se vê e não só no que se ouve. O que se vê fica, o que se ouve passa. Eu tenho muito medo das palavras, sempre recorro ao exemplo da Torre de Babel e acho que continuamos na Torre de Babel em muitos aspectos. Eu queria pedir ao professor Paulo Freire que me desse, não definições, mas conceitualizações de termos paralelos que às vezes não são tão paralelos. Os binômios seriam: Educação-Instituição; Ensino-Aprendizagem; Conteúdo-Forma e finalmente — este eu não entendo como binômio como os outros pares — o conceito de método como modelo. Não sei se é necessário que eu explique um pouco mais este último aspecto "como modelo". Acho que seria interessante dizer por que penso assim: o que dizia o professor Paulo Freire sobre a aparência pessoal do educador, a importância que isto tem, e eu tinha anotado aqui a atitude e o respeito. Muitas vezes não é preciso fazer uma reverência para demonstrar respeito, exatamente o contrário, mas acho muito importante considerar o método como modelo. E gostaria de ouvir a opinião do professor Freire.

Muitas vezes, o que faço ou o que digo não tem tanta importância como tem "como eu faço" ou "como eu digo"; isto para mim é o método. Meu campo é a educação pela arte, que talvez pareça um pouco elitista, mas para mim não é. É o modo, o que pode ser usado em qualquer outro campo educacional, porque o termo arte para mim também não é o que geralmente significa (e aí entra a Torre de Babel), mas sim a expressão, a expressão com excelência. Gostaria de saber se estou tão errado ou se essa idéia, esse sonho, essa utopia de utilizar a educação pela arte na Educação Popular é ou não um caminho possível.

Respostas de Paulo Freire

Vou tentar dar minha posição frente à Educação-Instituição; Ensino-Aprendizagem; Conteúdo-Forma, mas começo pela última parte. Estou totalmente de acordo com você. Mas sou tão radical na questão da compreensão da educação como arte que nem sequer uso a expressão que você usou de educação através da arte, que é o título do famoso livro de Herbert Read[3]. E não uso porque, para mim, educação já é arte, então não falo de educação pela arte porque ela é artística desde que começa. Agora compreendo inclusive o uso tácito da expressão e tento também poder usar a arte como conteúdo de educação que incremente a arte. Por exemplo, não foi coincidência que quando assumi a Secretaria da Educação de São Paulo, procurei em diferentes áreas da atividade universitária professores e professoras da Pontifícia Universidade Católica de São Paulo (PUC-SP), da Universidade de São Paulo (USP) e da Universidade Estadual de Campinas (UNICAMP) e organizamos grupos de trabalho no campo da lingüística, da física, da matemática, da história, da filosofia, das ciências sociais e cheguei a ter oitenta dos melhores professores do estado de São Paulo. Esta administração trabalha até hoje com cursos-grupos-sínteses através de convênios que assinei com os reitores destas universidades. E um dos primeiros grupos constituídos foi o de arte, educadores liderados por Ana Mae Barbosa, que é uma expert de tudo isso.

Desta forma, estou totalmente de acordo com você, totalmente de acordo com a sua interpretação sobre o método e a

---

[3] *Education through art.* AMAF.

importância do método enquanto criação do educador. Eu estou totalmente de acordo com isso, por esta razão dois educadores nunca são iguais. Se o método estabelecido pelo professor A, B ou C como técnica pudesse ser vivido igualmente por todos, todos ficariam iguais... isto não é possível.

Você assiste uma educadora que se movimenta de tal maneira na sala, que usa seu corpo e sua linguagem eficientemente na comunicação, com seu próprio método. E isto é de uma importância fantástica porque, como eu dizia, às vezes o mais importante não é o que o educador diz, mas como ele faz o que diz. Portanto, estou totalmente de acordo com você.

Agora, com relação a este conjunto de aparentes antinomias, eu diria que aí a relação é dialética entre os diferentes pólos. Por exemplo, não existe instrução que não seja educativa e não existe educação que não seja instrutiva; então, separar instrução de educação é uma ingenuidade. Dizer, por exemplo, "agora ele é somente instrutor" é de uma ingenuidade total;e dizer "agora ele é mais educador do que instrutor", isto não existe. Quando você instrui, educa; quando você educa, instrui. Um grande educador italiano chamado Lombardo Radice disse: "A instrução e a educação são os dois lados de uma mesma moeda". Desta forma, o educador deve viver a dialeticidade entre instruir e educar. Isto tem a ver com o ensino e o aprendizado, já que não existe ensino sem aprendizado e não existe aprendizado sem ensino. Os dois juntos constituem momentos fundamentais de um processo: o processo de conhecer.

Neste processo encontram-se comprometidos os dois: o educador, por um lado, e os educandos, por outro. O educador enquanto ensina, aprende. Primeiro, aprende a ensinar; segundo, reaprende o aprendido que ensina que é a coisa já aprendida que está ensinando; terceiro, aprende com o aprendizado do aluno, o educando; quarto, aprende novamente porque revê ou refaz a sua cognoscitividade na cognoscitividade do educando.

É assim na educação-instrução, no ensino-aprendizado. Não existem dicotomias. Existe dialeticidade. Acontece a mesma coisa com relação ao conteúdo e a forma. Não é possível separar uma coisa da outra. Toda forma contém um conteúdo e todo conteúdo veste-se de certa forma. E os dois têm que ser coerentes entre si. Não é possível, por exemplo, ter um conteúdo progressista em uma forma reacionária e vice-versa. A direita jamais faz isto. O que a direita faz com muita habilidade é um *discurso* progressista e uma *prática* reacionária. Faz isto com bons resultados — Collor fez isto com ótimos resultados —, o que no fundo é populismo. Ele fez um discurso no qual anunciava, por exemplo, posturas progressistas como "caçar os marajás", só que ele mesmo era um dos "marajás". Não podia caçar a si mesmo. Enfim, a relação entre conteúdo e forma é também uma relação dialética.

Com relação à outra questão, quando alguém se pergunta sobre o perfil do educador popular, em primeiro lugar é preciso definir que tipo de educador popular, porque a direita também tem educadores populares e o perfil do educador progressista não pode ser o mesmo que o do educador reacionário e vice-versa. É necessário delimitar este perfil e isto não é sectarismo, de maneira nenhuma. Sectarismo seria negar ao educador popular de direita o direito de trabalhar. A questão também é contraditória, justaposta. Inclusive o perfil de um educador progressista deve ser feito por ele mesmo, em sua prática. Entretanto, não tem problema se ao partir para a sua prática ele já tiver algumas "notas", algumas "pistas" sobre o que pode ser este perfil. Por exemplo, um educador progressista, popular, deve ser para mim uma pessoa humilde. Isto é, deve estar aberto à verdade popular, que não é necessariamente sempre a "sua" verdade. Isto significa que o educador popular progressista deve reconhecer e respeitar a verdade popular. Reconhecer, por um lado, a existência de um "saber popular" que se constitui na própria prática social da qual os grupos populares fazem parte. Uma sabedoria que se prepara, que se constitui somente porque as massas trabalham ou não trabalham. Isto é, o fato da massa popular estar "viva" faz com que produza certa cultura e certo saber.

A humildade do educador progressista propõe a ele ou a ela a abertura e o respeito necessários para esta sabedoria, da qual muitas vezes o educador progressista escapa. Por exemplo: uma vez, um educador de São Paulo me disse que em um grupo, em um círculo de cultura que tratava de alfabetização, durante a discussão, um homem do nordeste brasileiro referiu-se à questão da noite e do dia. E o homem deu uma explicação que o grupo inteiro aceitou. Vou repetir a belíssima explicação que não corresponde a nenhum achado científico. O homem disse: "A noite é o resultado do cansaço das baterias do sol, quando o sol se esgota por causa do seu trabalho durante o dia inteiro; então, entra em um grande túnel que está feito para isto e ali descansa, enquanto suas baterias são recarregadas, e quando estão prontas, chega o amanhecer e ele sai do túnel iluminando o mundo". É uma coisa linda, mas não é científica.

Este é um saber do senso comum, mas existem outras expressões do senso comum que tem quase o mesmo rigor que nós temos na ciência. Qual é o papel do educador popular frente a isto? É respeitar, não dar um sorriso irônico para esta definição do sol, da noite e do dia. Se amanhã houver um interesse em aprofundar isto, o educador poderá voltar e trazer um embasamento científico, pode inclusive trazer um físico que irá explicar um pouco este fenômeno.

Outro caso recente: eu trabalho todas as terças-feiras em Campinas com um grupo de cientistas, físicos, matemáticos, biólogos, filósofos que chamamos o "clube da rúcula" porque todos comemos rúcula. Nossas reuniões são sempre das 9 horas às 12h30 em torno de uma mesa comum com travessas de rúcula e uma garrafa de excelente cachaça de alambique. Discutimos mais de três horas sobre ciência, epistemologia, filosofia da ciência, saber popular, a questão do senso comum, etc. E em um destes dias, um biólogo (estas pessoas trabalham muito com os índios) contou-nos que um rapaz, um adolescente, forte, disse-lhe: "olha, amanhã eu vou te ensinar a pescar com um arpão". E o cientista, curioso, que não queria perder nenhuma oportunidade de aprender como o índio fazia, disse: "sim, vamos". No dia seguinte, saíram muito cedo em uma canoa e em seguida apareceu um peixe lindo e, então o rapaz disse ao cientista: "olha, agora eu vou caçá-lo". O cientista observou que o rapaz lançou o arpão não diretamente no peixe, mas entre o peixe e a canoa... e o pescou. Tirou de dentro da água o peixe e o cientista entendeu o que aconteceu, mas queria averiguar como ele sabia e disse-lhe: "olha, não entendi, você lançou o arpão não no peixe, mas entre o peixe e a canoa. Como pode ser?" E ele respondeu: "eu lancei o arpão no peixe, mas os seus olhos foram iludidos. Isto é a ilusão dos olhos".

A refração, para eles, os índios, é a ilusão dos olhos. Para nós, é refração, entende? Agora eu me pergunto: o que deveríamos fazer com o que disse o índio naquele momento? Dizer: "não, não é nada de ilusão dos olhos, é um fenômeno físico, que nós brancos chamamos há muito tempo de refração da luz, etc., etc.." Não! Se amanhã as condições econômicas desta comunidade mudar, se houver uma modernização capitalista, socialista, não importa, qualquer das duas terá a necessidade de ir mais além da interpretação da "ilusão dos olhos."

Estas são virtudes de humildade, da capacidade de abrir-se para a cultura popular, para a compreensão popular, para a compreensão mágica do mundo. São qualidades que os educadores populares têm que criar se forem progressistas, mas se forem de direita acontece o contrário.

Outra qualidade que eu vejo é a seriedade, o respeito na maneira de dar testemunho aos grupos populares de como trabalhar, de como fazer as coisas. Por esta razão, por exemplo, eu nunca aceitei que um jovem ou uma jovem de classe média, que estão acostumados a usar seus tênis de marca, só porque vão a uma área popular rasguem o tênis para dar a impressão de que são "pobres". Não, isto é falso. O grupo popular sabe que é mentira porque adivinha, conhece, até pelo "cheiro" do corpo, o que não é daquele espaço. Então é mentira e mentindo não se muda o mundo. Devemos ser sérios, honrados.

Outra qualidade é a de não ter vergonha e medo de dizer quando se está cansado. E agora eu quero e devo dizer-lhes: eu estou cansado.

Educação Popular no Paraguai: nossas perguntas a Freire

Com base nas perguntas anotadas em fichas individuais foi feito um reagrupamento de temas para serem apresentados a Paulo num segundo momento do Seminário, assim organizados:

1. Educação Popular. A inserção dos intelectuais nesse processo. A mulher: o problema do gênero. As crianças na Educação Popular.

2. Efeitos e mudanças alcançadas pela Educação Popular na formação, desenvolvimento e consolidação das organizações populares na América Latina.

3. A intencionalidade da Educação Popular e seu modo de avaliar com indicadores verificáveis: o problema do assistencialismo e da autogestão.

4. O educador: seu poder, limites, carisma, protagonismo, impaciência.

5. Educação Popular — Cultura. Herança cultural. O problema da história cultural. A identidade e a resistência cultural.

6. Relação educador-base-organização-povo.

7. Educação Popular política: política partidária, organização, o problema do poder. Autonomia da Educação Popular. Até onde existe autonomia na Educação Popular.

8. Aspectos metodológicos. A Educação Popular e a educação formal: sua possibilidade na educação oficial. Passagem da consciência ingênua para uma consciência crítica e o compromisso transformador.

9. A Educação Popular e o ritmo histórico. Vinculação da ação reivindicativa; econômico-salarial-produtiva, com um processo educativo libertador. A avalanche técnico-científica no desenvolvimento da Educação Popular.

10. Sobre a realidade brasileira: a contribuição das igrejas na formação da consciência de classe no Brasil. Como foi o desenvolvimento organizacional e de classe no Brasil.

11. Algumas respostas a partir da Educação Popular para a avalanche neoliberal na América Latina.

Minha primeira reação diante destes temas é que eles formam o índice de um livro que eu não poderia escrever.[4] Penso que é complexo, mas é um livro que poderíamos escrever juntos.

Item 1: Educação Popular. A inserção dos intelectuais nesse processo. A mulher: o problema do gênero. As crianças na Educação Popular.

Obviamente que na Educação Popular, inclusive de um ponto de vista reacionário-conservador, provavelmente também há uma preocupação com estes elementos ou componentes, mas com relação a como aproveitar os intelectuais para continuar enganando

---

[4] Algumas resposta de Paulo não contemplaram a totalidade da questão proposta, ou não foram transcritas no livro *Dialogando com Paulo Freire*. Assim, obviamente, não poderiam fazer parte deste livro. AMAF.

com mais eficiência. E possivelmente existe a preocupação de como trabalhar com as mulheres, mas também em um sentido enganoso. Acredito que este tema é delicado, pois é um dos ângulos em que muitos de nós, homens progressistas, nos contradizemos: fazemos um discurso progressista, falamos contra a exploração e, entretanto, somos machistas. Acho isto um horror. O fato é que eu conheço muita gente revolucionária que dentro de casa é diferente, que manipula o destino da mulher. É claro que há anos as mulheres começaram a lutar e estão mais independentes, mas existem contradições enormes, inclusive na linguagem. Nossa linguagem continua sendo uma linguagem de "macho" e dizemos que é uma questão de "sintaxe", uma questão de gramática e não é. Por exemplo, como explicar que neste lugar com uma quantidade grande de pessoas — suponhamos que haja apenas um homem e todas as demais sejam mulheres eu tenha que dizer "todos vocês". Por quê? Não me digam, por favor, que é porque quando existe um homem e uma mulher a concordância deve ser feita no masculino. Por que todos e não todas? Quem estabeleceu esta regra? Só existe uma explicação: é a ideologia machista através da linguagem, que não é neutra. Desta forma, também é preciso revolucionar a linguagem. Isto quer dizer, se nós pretendemos fazer transformações no mundo, temos que reinventar uma linguagem para que não seja mais machista. E o que é fantástico é que as mulheres assimilam isto. Elas são invadidas pela linguagem do macho e a seguem; elas também dizem "todos vocês" e só existe um homem. Se eu disser "todas vocês", o homem que está aqui ficará aborrecido comigo ou pensará que eu sou um ignorante da sintaxe. Por exemplo, neste último livro que eu escrevi, a *Pedagogia da esperança,* dedico toda uma parte a isto porque a linguagem da *Pedagogia do oprimido* é uma linguagem totalmente "machista". Quando o livro saiu na década de 70, eu comecei a receber cartas dos EUA de mulheres elogiando-o, mas dizendo: o senhor é contraditório, disse em uma parte do seu livro "eu acredito na capacidade dos homens de mudar o mundo", e por que não das mulheres também? E eu me lembro que quando li as primeiras cartas disse para minha primeira mulher:

"Meu Deus, quando eu digo homem incluo também a mulher!". Esta é a explicação manhosa, ideológica, com a qual todas as crianças aprendem e crescem, porque se eu dissesse "as mulheres um dia transformarão o mundo", nenhum homem se incluiria. Agora, quem determinou que ao dizer "homem" a mulher está incluída? Os homens inventaram isto.
A linguagem, meus amigos, é ideológica. É preciso saber, sentir, perceber, que a linguagem não é neutra, é ideológica. Está impregnada de ideologia. Quantas expressões existem, por exemplo, como estas: "você conhece a Maria?" e outra pessoa diz: "Ah! Sim, eu a conheço, é... (e fica assim, sem saber como continuar o discurso)... uma moça negra, mas excelente". E por que o "mas"? Eu nunca escutei ninguém dizer: é uma moça loira, de olhos azuis, mas excelente. Mas sendo uma moça negra, o "mas" cai muito bem. Exatamente porque "mas" é uma conjunção adversativa. Isto é, uma conjunção que une uma oração que contradiz em certo sentido a outra. Ou seja, como se sendo negra não pudesse ser excelente. Então, o que é isto? É uma linguagem ideológica com relação aos índios, com os negros, com as mulheres, com tudo.

Eu vejo que uma das primeiras preocupações dos intelectuais em uma Educação Popular progressista é, primeiro, prestar atenção neles mesmos, fazer sua própria conversão. É necessário converter-se e não é fácil. As marcas machistas em nós são muito grandes. Nós temos o machismo dentro e não é fácil superar isto. E o pior é que não basta superar o machismo no discurso. Por exemplo, eu conheço muitos homens que não arrumam a cama onde dormem com sua mulher porque isto é tarefa da mulher. Por que somente a mulher tem que arrumar a cama onde fizeram amor? Por que, se é tão fácil para os homens! Eu conheço homens incapazes de tirar os pratos da mesa. Só alguns são capazes de servir o vinho ou alguma outra bebida aos amigos que convida para comer em sua casa, mas a mulher faz tudo e quando não é sua mulher é uma mulher mal-paga, explorada, que está na sua casa trabalhando como doméstica. Eu não quero dar a impressão de que sou um padre; ontem inclusive uma jovem jornalista fez uma brincadeira e me perguntou quando eu larguei a batina e eu disse: "não passei nem pelo seminário, nunca!" Não quero dar um sermão, um discurso de natureza religiosa, mas é verdade, é uma questão de coerência. Falamos pela manhã sobre a necessidade de ser consistente, de procurar uma consistência entre a palavra e a prática e reconheço que este é um dos campos mais difíceis. Eu me lembro, por exemplo, que quando estava em Genebra recebi aquelas primeiras cartas das norte-americanas e depois da quarta eu pensei: o que me indicam é certo, não é verdade que quando eu digo "os homens" eu inclua a mulher. Então respondi a todas elas e comecei um novo momento em minha vida. Isto foi no início de 1971.

Eu me lembro que uma das primeiras coisas que fiz foi falar com meus dois filhos homens que eram adolescentes e lhes disse: "olhem, nós somos três homens explorando as mulheres da casa, uma é minha mulher e mãe de vocês e as outras duas são suas irmãs e minhas filhas e eu acho que não podemos continuar assim", e acrescentei: "olhem filhos, nós não estamos arrumando a casa em que vivemos, vocês não fazem suas camas e eu não faço a minha cama e a da minha mulher" (era minha primeira mulher). Outra coisa que eu queria dizer é que um dos meus fracassos foi que não aprendi a cozinhar, mas não aprendi porque ideologicamente não quero, tenho medo. Eu precisaria fazer análise, mas agora não preciso mais, já sei o que é. É que no fundo as próprias mulheres (não sei se também no Paraguai) identificam cozinha com feminilidade. E esta é a ideologia que o "macho" pôs na cabeça da mulher: o homem que cozinha é afeminado e a mulher diz: "na cozinha não entra homem" — olha que beleza para os homens! Mas agora é diferente: uma garota requer imediatamente um nível de igualdade em relação ao rapaz e, ou ele aceita isso, ou vai embora — não há outra opção. Existem mudanças tão radicais a este respeito que às vezes é difícil reconhecer. A minha geração não era assim e foi difícil eu me ajustar não só a linguagem, mas também a várias outras coisas. Eu confesso que cozinhar seria um progresso. Sei apenas fazer ovos fritos muito bem, faço bons sucos, preparo bebidas, sei fazer a cama muito bem, ponho a mesa, sirvo. Tudo isto eu sei fazer. Até lavo os pratos que usamos no jantar, mas agora Nita comprou uma máquina de lavar louça e me frustrou: não posso mais lavar. Então talvez vocês digam: "Puxa Paulo, estamos em um Paraguai explorado e em um Brasil mergulhado na miséria e você fica falando das mulheres e da linguagem machista. É melhor mudarmos primeiro o mundo e depois tratarmos deste assunto". Mas eu lhes digo: não, a mudança da linguagem é parte da mudança do mundo, a mudança da cultura é parte da mudança do mundo, não se deve esperar para fazê-las. É através de exercícios quase sempre penosos que nós também nos formamos.

Enfim, este é um ponto fundamental para um educador popular progressista, porque na medida em que eu tenha uma linguagem puramente machista, provavelmente diminua ou tenha um perfil diminuído da mulher ou tenda a pensar que ela é menos do que eu. Como posso ser um educador para a libertação se parto do princípio de que a mulher é um "pouquinho" inferior a mim? Não se pode deixar este aspecto de fora.

Mas existem outros aspectos aparentemente mais ligados, conectados com as nossas questões. Por exemplo, um deles poderia ser a tarefa do intelectual no campo da Educação Popular. O que fazer se eu sou um filósofo? O que fazer no campo da Educação Popular para que, sem deixar de ser filósofo, eu possa dar uma contribuição aos grupos populares? Até onde o meu exercício reflexivo filosófico pode ser útil para os que trabalham diretamente com os grupos populares? Se eu sou um matemático, por exemplo, se eu sou um biólogo, um historiador ou um professor de gramática, o que eu posso fazer? Há milhares de coisas para fazer, mas a primeira coisa que um intelectual progressista tem que fazer com relação a sua experiência de sabedoria corresponde a mesma coisa que ele tem que fazer com a sua experiência sobre sexualidade. Da mesma forma que esse intelectual hipotético tem que se perguntar sobre as suas relações e sua percepção a respeito do papel da mulher, também tem que se perguntar sobre seu papel como intelectual e acadêmico. Tem que se desfazer de uma ideologia terrível que é a ideologia academicista, que no fundo é elitista e corresponde aos interesses de uma elite da qual este intelectual é um representante. Desta forma, ele deve se perguntar se também é capaz de se entender como intelectual a serviço das classes populares e não somente a serviço de seus alunos curiosos. Se ele é capaz de dar uma contribuição à luta popular e não somente capaz de acompanhar a leitura de textos de Hegel, Marx... É muito pior só saber discutir Marx no livro e não ser capaz de entender Marx na luta das ruas. Isto me parece mais trágico do que dramático.

A mesma coisa acontece no caso da mulher intelectual. Ela também tem que analisar suas relações e seu papel, se exagera ou não quando luta por sua identidade de mulher, se gosta ou não da linguagem machista, se está de acordo ou não que seu marido nunca arrume a cama, nem sequer no domingo, porque tem que ler ou escrever. Porque este era o meu argumento, eu não fazia as coisas da casa porque se eu fosse fazê-las não escrevia. Mas minha primeira mulher, antes que estivéssemos no exílio, fazia as duas coisas: trabalhava na escola e trabalhava em casa com as crianças, cuidava e cozinhava e podia fazer estas coisas. Mas eu, como homem, só podia pensar que estas eram tarefas da mulher. Isto era incrível, incrível. A mulher deve se perguntar se pode ou não continuar assim. Olhem, eu não estou propondo que as mulheres comecem a pedir o divórcio, não. Existem casamentos que duram muito tempo dentro destes parâmetros... mas digo que é um dever, um dever das mulheres lutar por seus direitos. Eu confesso que não entendo uma mulher que luta pela libertação dos camponeses, mas que não luta por sua própria libertação, não entendo. E vejo aqui uma contradição, por isto devemos ser radicais. Agora, isto não significa que tenham que se separar do marido, fazer greve de sexo...

Eu dizia que se o intelectual é uma mulher é necessário que ela se pergunte o que pode fazer, qual é a sua contribuição para a luta como matemática, por exemplo, hoje em dia no Brasil e provavelmente também no Paraguai. Eu não estou a par da vida acadêmica do Paraguai, mas hoje em dia no Brasil é muito comum que os cientistas se dediquem ao que chamam "etnociência". Estes cientistas com quem eu me encontro todas as terças-feiras fazem exatamente isto: além de dar aulas de física, aulas de astronomia em cursos universitários de pós-graduação, discutem com o povo, pesquisam seus níveis de saber, como o povo conhece, como eles sabem. Existem muitas contribuições que os intelectuais e as intelectuais podem dar nesta área. Vocês, por exemplo, têm direito de dizer aos seus companheiros de equipe: "eu não gostaria de ir a campo, eu não gostaria de ir às zonas sofridas, eu gosto de trabalhar 'teoricamente' a prática dos educadores." Não há porque não experimentar este "gosto". Podemos, às vezes, convidar um educador que foi ao campo para relatar durante uma manhã a experiência dos camponeses, para que ele possa dizer como entende cientificamente o comportamento A, B ou C dos camponeses. Assim ambos, educadores e camponeses, poderão dar a sua contribuição.

Não se deve perder nenhuma possibilidade de contribuir para a luta, mas também não se deve impor o que é necessário fazer. Este era um dos erros do stalinismo e existe um exemplo muito claro no Brasil: vocês conhecem o arquiteto Oscar Niemeyer... dizem que ele, enquanto militante do Partido Comunista e membro da juventude do PCB, quando já era famoso, mas ainda jovem, recebeu a ordem para que fosse com os militantes do partido pichar paredes nas ruas, num tempo que a polícia reprimia duramente isto, para que ele deixasse de ser um intelectual distante do povo. Isto é um absurdo. Pois, ao mandar Niemeyer fazer isto, perdia-se um tempo fantástico de sua reflexão e não se ganhava um bom pichador de muros. Isto é uma burrada, uma estupidez.

Eu acredito que é preciso cuidar da especificidade dos intelectuais em um processo de Educação Popular; é preciso aproveitar tudo o que cada um deles sabe, pode e queira fazer bem feito. Deve-se, por exemplo, pedir aos matemáticos: "venham conosco um sábado para ver como os garotos do povo vendem e como fazem o cálculo sem saber nada da chamada matemática oficial. Estudem propostas para ver como podemos melhorar o ensino da aritmética e de outros campos da matemática em áreas populares".

Se você é um matemático ou biólogo, não pode ficar satisfeito somente com as aulas que dá na universidade. Qualquer especialidade pode ser importante para apoiar a Educação Popular, para alcançar uma compreensão mais humanizada e mais científica do que é a identidade cultural do povo. Por exemplo, muitos professores agiram com total falta de respeito com as crianças do povo, pensando que todo conhecimento só se adquire na escola, mas as crianças não precisam da escola para saber — precisam da escola para saber melhor. Agora, para que as crianças saibam melhor através da escola, é preciso que a escola esteja preparada cientificamente, amorosamente, pedagogicamente, para fazer esta tarefa. Então, esta poderia ser uma política de trabalho de grupos que fazem Educação Popular.

Por outro lado, penso que a ação sindical teria que se projetar além das demandas salariais, que são necessárias, muito importantes e necessárias, mas também é preciso pensar em melhores condições de trabalho pedagógico. É preciso pensar, sobretudo, no projeto político-pedagógico da Educação Popular.

Item 2: Efeitos e mudanças alcançadas pela Educação Popular na formação, desenvolvimento e consolidação das organizações populares.

Não há dúvida de que no Paraguai, Brasil ou Argentina, não importa onde, com toda a experiência que tivemos com Educação Popular na América Latina, em algumas áreas de maneira mais crítica, em outras áreas menos criticamente, em umas mais facilmente, em outras um pouco mais difícil, que em todos os momentos históricos as práticas foram diferentes.

Uma coisa foi fazer Educação Popular no Paraguai 5 anos atrás, e outra coisa foi fazê-la 15 anos atrás. Fazer 15 anos atrás era muito mais difícil do que 5 anos atrás. A ditadura, há 5 anos, estava provavelmente mudando porque estava "defasada em si mesma" e aí relaxava um pouco "na hora da sesta" e vocês faziam Educação Popular na "sesta" da ditadura. Hoje em dia muito mais pode ser feito. É possível desafiar o próprio governo sem receio de ser imediatamente detido, de modo que se aumentaram os limites da prática, para a prática. No Brasil, por exemplo, como fazer

Educação Popular durante o longo período da ditadura militar? Era uma coisa terrível, mas foi feita. Em um país grande, muito grande mesmo assim ela foi feita em muitos lugares, às escondidas, sem que ninguém soubesse.

As próprias CEBs (Comunidades Eclesiais de Base), que foram um excepcional ponto de partida de luta, transformaram-se em centros extraordinários de Educação Popular, onde a compreensão da relação mundanidade – transcendentalidade era um ponto fundamental.

Então, frente a isto, eu acredito que se fizermos um esforço de Educação Popular alcançaremos efeitos e mudanças. Agora, quais são eles? Não sabemos, porque é uma tarefa histórica. Seria uma análise histórica saber o que aconteceu no Paraguai e saber o que está acontecendo hoje em relação à atividade da Educação Popular para a formação, desenvolvimento e consolidação das organizações populares. Creio que existe uma tese que está embutida aqui dentro e que se traduz em uma pergunta: é possível que a Educação Popular ajude a consolidar as organizações populares? Eu digo que é possível. Depende de como trabalhemos, depende da lucidez, da clareza política que tenhamos, depende também da nossa formação científica.

Gostaria de fazer um comentário que tem a ver com isto. Eu não sei se vocês também passaram pelo fenômeno que vou contar. No Brasil existe uma posição que com freqüência nega sistematicamente a universidade ou a academia por considerá-la coisa de burguês, conhecimento "rococó", "blábláblás", mas acontece que negando a academia, nega-se a teoria. Esta posição afirma que só a prática é válida e a este respeito foram realizadas reuniões no Brasil onde se dizia que "aqui só fala quem tem prática, quem só pensa dentro da academia não tem o direito de falar". Em primeiro lugar, isto é autoritário, não é democrático. Em segundo lugar, isto é de uma estupidez tamanha, não tem nenhum fundamento científico. A outra posição reflete o contrário, é o contrário desta: "Só vale a academia, só vale a teoria, a prática não tem sentido". Então, a primeira constitui um desvio ideológico que chamamos "basismo": só as bases sabem, só as bases populares são virtuosas. A Igreja caiu muito neste discurso e os ultra-revolucionários identificaram-se com uma "religião" que era "a religião das bases". Só as bases sabem, só as bases são virtuosas, é um saber que é independente, distanciado, não precisam do saber teórico dos acadêmicos. A outra posição é a que chamamos "elitismo", que nega totalmente a importância da prática; basta que uma pessoa desenvolva com elegância os discursos teóricos para que o mundo se salve. A minha convicção sobre isto é que ambas as posições trabalham contra a mudança. Ambas são reacionárias: o basismo é tão reacionário quanto o elitismo. O basismo apresenta um reacionarismo dentro do povo e o elitismo um reacionarismo distanciado do povo. A verdadeira posição das pessoas comprometidas com a Educação Popular real e progressista é a posição que encara dialeticamente a relação teoria – prática, porque no fundo estas duas posições estão enlaçadas na compreensão dialética ou não dialética da relação teoria – prática que foi tão cara a Marx. Isto é, não existe teoria que não precise ser praticamente comprovada. É a prática que me diz se a teoria está certa. Mas, por outro lado, não existe prática que não contenha dentro de si uma certa teoria.

Sendo assim, para mim, a formação docente, por exemplo, a formação dos agentes da Educação Popular — que não precisam ser acadêmicos universitários —, assim como a formação política, científica, dos jovens educadores e das educadoras populares tem que ser feita através da reflexão crítica sobre a prática que uma pessoa possui, isto é, analisando a prática que você tem consigo mesmo e com os outros e a teoria que a explica. Mas nem a teoria deve negar a prática, nem a prática a teoria. Isto seria um erro terrível.

Item 3: A intencionalidade da Educação Popular e seu modo de avaliar com indicadores verificáveis: o problema do assistencialismo e da autogestão.

O terceiro bloco de perguntas fala da intencionalidade da Educação Popular na sua maneira de avaliar com indicadores verificáveis; do assistencialismo versus a autogestão. Em tudo isto permeia a questão dialética da relação teoria – prática, já que as duas constituem uma unidade contraditória, dialética, processual, que não pode ser quebrada de maneira nenhuma.

É difícil entender este processo. Acredito que temos que prestar muita atenção até para verificar que, no fundo, o assistencialismo é uma espécie de autoritarismo adocicado. No fundo, o assistencialismo castra a capacidade de decisão do povo. O populismo dá ao grupo popular a ilusão de que ele tem autonomia, ele pensa que atua, quando na verdade ele é utilizado, ele não atua. A liderança assistencialista age através do grupo "assistencializado" que tem a impressão de que ganha autonomia e liberdade. Claro que isto não é uma contradição fantástica da Educação Popular progressista, isto se aplica melhor à educação popular reacionária.

Devemos ter cuidado para delimitar muito bem o que significa autogestão. Ela visa assumir liberdade e criatividade, o que me parece excelente. Só que às vezes tenho medo de certas experiências autogestionárias que negam idilicamente a necessidade de qualquer tipo de intervenção externa. Eu confesso aos senhores que minha concepção democrática não nega o papel da liderança democrática. Eu continuo entendendo como necessário o papel da liderança, por isto mesmo defendo a existência de professores. Por exemplo, como entender um professor que não lidera? Como entender um professor que não ensina? O fato de ensinar, o fato de contribuir diretamente para a formação dos educandos significa assumir certa liderança, mas isto não é necessariamente uma forma autoritária de liderança. Eu critico a forma autoritária de liderar. A autogestão, no fundo, também leva ao surgimento de pequenos grupos de líderes, porque não é a autogestão metafísica que lidera; no processo de autogestão aparecem aqueles sujeitos que gestam, que gerenciam de fato.

Item 4: O educador: seu poder, carisma, protagonismo, impaciência e seus limites.

O quarto bloco fala do educador e de seu poder, seus limites, seu carisma, seu protagonismo, sua impaciência. Eu acredito que o educador tem todas estas coisas, a questão é vivê-las e fazê-las coerentemente. Que o educador tem certo poder é inegável. Tem certo poder que se fundamenta, se baseia exatamente no poder do seu saber, que às vezes é um suposto saber, mas não importa, ele tem um poder e este poder baseia-se em que ele sabe algo. Por esta razão é que acho que para que ele pudesse justificar corretamente o seu poder deveria preparar-se permanentemente, ter uma formação permanente. Agora, observem como a questão é um círculo vicioso. Às vezes os educadores ganham tão pouco que têm medo de protestar, de demandar, e podem terminar afogados neste medo e nesta falta de preparo. E quanto mais tenham medo e menos preparados estejam, tanto menos podem dar testemunho aos educandos da necessidade de que eles também lutem por sua libertação. É preciso romper este círculo e esta decisão de romper o círculo tem que partir ou também pode partir dos governos que forem progressistas.

Vocês agora estão se preparando para eleger o Presidente da República e temos que estar vigilantes: saber em quem votar, por quem brigar para ser eleito, qual é o melhor entre todos. E passar a exigir. Não se pode ter a posição puritana de dizer "não me meto nesta questão". O governo que se diz progressista tem que exigir que se rompa um pouco o círculo, que também desafie os professores e os educadores. O poder existe, mas tem que ser bem usado. Seus limites também existem, porque o educador não pode tudo. O poder do educador popular é um poder que já nasce limitado porque sua prática é limitada. Seus limites são políticos, econômicos e sociais; históricos, ideológicos e científicos no que se refere à competência.

Desta forma, uma das coisas que os educadores precisam saber é que a sua prática é limitada. O educador não pode fazer tudo, mas pode fazer algumas coisas. A questão, portanto, é saber o que é possível fazer. Quais são, nas condições históricas atuais, os possíveis históricos? Qual é o possível histórico? E olhem que esta também é uma tarefa dos intelectuais. Olhem que isto provavelmente não está em nenhum programa de filosofia política, de sociologia ou de filosofia da educação na academia; nenhum professor se preocupa em saber qual é o possível histórico do seu país. E se você perguntar a um professor famoso: "qual é o possível histórico atual?", ele dirá: "não faz parte do meu programa". Entretanto, isto é parte do seu programa, é parte do programa maior de seu país, porque o programa de seu país, a história de seu país é muito maior do que o "programinha" de seis meses da universidade.

É necessário conversar sobre estas coisas, inclusive com os camponeses e por que não conversar com os camponeses, com os homens e as mulheres das favelas sobre estes problemas para que eles e elas também se mobilizem, movimentando-se para que tudo isto seja repensado? Devemos entender que isto não é exclusividade de meia dezena de intelectuais proféticos; isto é, deve ser uma preocupação de toda a sociedade, não somente de alguns privilegiados.

Intervalo para que os participantes façam outras perguntas.[5]

Sobre o que foi perguntado com relação à contribuição e participação da mulher na Educação Popular, como poderíamos vincular a metodologia para trabalhar o feminismo, que vem sendo mais um conhecimento das mulheres da cidade e que não alcança todas as mulheres?

A questão é a seguinte: as mulheres cometem um erro (nem todas, só algumas mulheres) em sua luta pelo feminismo, da maneira como vem sendo defendido, de modo geral. Nos EUA eu discuti muito sobre isto e, às vezes, elas ficavam desconfiadas. Afastam-se da discussão de sexo e preferem falar de gênero. E por que não em sexo? É muito melhor. Tiram da discussão sobre sexo o problema das classes sociais e eu incluo o tema. Minha posição é esta: não vejo como reduzir a discussão de sexo e a discussão de raça às classes sociais. Não posso. Mas também não posso entender a discussão de sexo e classe, ou de sexo e raça, sem a compreensão das classes. Eu não posso reduzir, explicar a discriminação sexual

---

[5] Houve, certamente por causa deste intervalo, uma descontinuidade nas respostas seqüenciais dos itens 1 a 11, que Paulo vinha fazendo. Alguns deles ele retomará posteriormente. AMAF.

através da análise de classe. Segundo, eu não posso explicar a discriminação de raça através da classe. Mas não posso entender o racismo e o sexismo sem analisar a classe social. Desta forma, quando a discussão sobre sexo e raça fica de fora, muito longe da questão de classe social, resulta que a própria temática da discussão não interessa, por exemplo, às mulheres do campo (uma mulher que briga com o marido porque não arrumou a cama não tem muito a ver com o dia a dia da mulher do campo); entretanto, a mulher do campo é tão ou mais objeto que a mulher burguesa. A mulher burguesa, no final, transfere para as empregadas, porque as paga e tem suas outras compensações, veste-se bem, é cortejada, tem direito de satisfazer seus caprichos. A mulher do campo dificilmente pode ter uma fantasia, mas as mulheres burguesas podem fantasiar com quem quiserem. O marido não percebe, ela não precisa fazer psicanálise por causa disso...

Sendo assim, é preciso levar esta discussão para as mulheres do povo (naturalmente com táticas), porque se levamos para um grupo de camponeses e apresentamos o tema do machismo, provavelmente os camponesas irão proibir suas mulheres de voltar a reunir-se e nós perderemos todo o trabalho feito. Se a estratégia é contribuir um pouco, o que pudermos, para uma mudança no mundo, eu tenho que conceder. Não se faz política sem concessão, mas existem limites para conceder. Estes limites são éticos e políticos. Então, para não correr o risco de que as mulheres não voltem mais à reunião, é melhor não falar de machismo muito cedo e deixar que este tema um dia amadureça.

Eu e muitos conterrâneos temos a preocupação de que este tema, que serviu para conscientizar, possa se elitizar ao passar de um saber popular para um saber acadêmico, que passa a ser um saber universitário e perde a essência que deu origem a tudo isto, que é um saber do povo. Como fazer para que o povo não perca a propriedade, a essência da prática da Educação Popular?

Eu entendo que temos aí uma questão que, sendo política,

envolve primeiro uma questão de poder do grupo popular e do poder dos educadores que estão trabalhando com os grupos populares. Segundo, envolve uma questão de tática e de consciência sobre a qual os senhores têm razão. A questão que se coloca não é que os intelectuais A, B, C, possam apoderar-se dos resultados elaborados pelos grupos populares e distanciar-se, negá-los, etc. A questão é que os educadores populares e o povo precisam ir além de um tipo de conhecimento que nós reconhecemos que se fundamenta em "acho que é" e obter um conhecimento que alcance a razão de ser do objeto, a razão de ser da realidade. Em outras palavras, é urgente, é necessário, que possamos transpor um saber que só se limita à experiência e que procuremos um maior rigor científico. Supõe-se que os acadêmicos têm mais possibilidades de exatidão, ainda que muitos não, porque foram nomeados não porque sejam bons professores, comprometidos com as causas populares, mas porque eram grandes advogados, médicos famosos, etc.

Em resumo, o que eu defendo não é a separação entre um saber e outro, nem que o saber popular é um saber inferior. O que eu defendo é que para dar passos maiores precisamos hoje, indiscutivelmente, de todo um patrimônio que está sendo construído, de um saber mais exato. Agora, isto vai depender do poder que nós formemos, do poder político, para dizer aos intelectuais que se aproximem de nós, porque também não é qualquer intelectual de universidade que virá, alguns não se despojam do elitismo. Cabe a nós dizer a eles: "olha, precisamos de vocês, mas não é assim, precisamos do seu saber que nós respeitamos, queremos que vocês respeitem o saber do povo". A questão é como dialogar, como propor o diálogo entre o saber popular e o chamado conhecimento científico – acadêmico, para não dicotomizar.

Item 7: Paulo, o senhor propõe que a Educação Popular exige do educador praticamente uma militância, um testemunho. Desta forma a Educação Popular seria uma nova militância extra-partidária, extra-organizacional. A partir disto eu pergunto: até onde vai esta autonomia da educação nos

processos políticos, nos processos orgânicos e nos processos de luta que surgem destas instâncias que também estão presentes na sociedade civil? Inclusive, aí está a tragédia do intelectual que pretende ser apartidário, apolítico, inclusive às vezes em um sentido amplo, seguir neste caminho. Gostaria que você pudesse nos dar alguns elementos a respeito.

Eu acredito no seguinte: primeiro, um partido pode fazer Educação Popular, por que não? Em nome do quê diremos que só porque é um partido não pode fazer Educação Popular? Não fará Educação Popular não porque seja um partido, mas porque, enquanto partido, movimenta-se dentro de uma ideologia que pode não coincidir com o que é educação para o povo. Um partido stalinista não faz Educação Popular, um partido stalinista faz adestramento popular, não educação. Sendo assim, a questão de não fazer Educação Popular não pertence a ele enquanto partido, mas sim, enquanto ideologia, ideologia autoritária, negadora do povo. Segundo, um grupo de intelectuais pode fazer Educação Popular além dos limites dos metros quadrados dos partidos. Vocês têm o exemplo de "Decidamos"[6], que trabalha com qualquer partido, sem que nem suas ideologias intervenham, nem seus membros sejam neutros.

A experiência de vocês não é exportável ou importável; eu sempre digo que a experiência não se exporta, se recria. Então, a sua experiência não pode ser exportada. Primeiro porque é uma experiência e segundo porque as experiências não se exportam. Nesta transição paraguaia, uma transição provavelmente muito menos sofrida do que a transição brasileira, muito menos sofrida do que a transição argentina, provavelmente uma das transições menos dolorosas que estamos experimentando na América Latina, está sendo absolutamente possível trabalhar com os partidos políticos. Mas não sei até quando; provavelmente chegará um momento em que os partidos mais de direita dirão: "não, não, não, não! Não nos interessa mais acordos com vocês..." Não tenham dúvida, este dia vai chegar, e será a própria realidade social que vai

---

[6] Campanha para a expressão democrática, cidadã, no Paraguai. AMAF.

dizer a vocês, que devem estabelecer um limite e fazer uma opção em função do partido A, B ou C.

Por isto é que eu não sou dogmático; porque uma pessoa não pode entender a história de maneira dogmática. Por exemplo, se me perguntarem no Brasil se eu acredito nesta possibilidade, eu diria: "eu respeito, mas não acredito." Agora, no Brasil acontecem coisas interessantes, por exemplo, há dois meses recebi um telefonema da secretária de um grande "empresário pós-moderno" para que eu o recebesse com dois diretores da empresa. Marquei um dia, eles foram à nossa casa, minha e de Nita, e o jovem industrial me disse: "olhe, professor Freire, quando eu era criança, adolescente, meu pai, minha mãe, proibiram que seu nome fosse pronunciado em casa. Hoje em dia, eu sou o diretor-geral da empresa e estou aqui exatamente para pedir que o senhor nos ajude a educar melhor os operários". Entendem? O que aconteceu foi que eu não mudei, mas a história fez com que ele mudasse; eu continuo defendendo a mesma educação que sempre defendi e ele sabe disto. Agora, como homem inteligente, ele também sabe que existem limites na educação e que eles estavam muito, muito atrás, quase à beira do limite e perceberam que podem andar "dez quilômetros" sem nenhum risco. Provavelmente, quando chegarem ao décimo quilômetro eles pararão e dirão aos seus descendentes sobre Paulo Freire: "Olha, não, chega!" Isto quer dizer que estas coisas acontecem na história e é por esta razão que não se pode ser determinista, não se pode ser mecanicista, não se pode dizer: "não, isto não pode ser feito, isto não pode acontecer", porque, talvez, possa acontecer a qualquer hora.

Provavelmente agora vocês estão podendo fazer coisas inovadoras, transformadoras, mas dentro de algum tempo não poderão. Em outra sociedade talvez vocês mesmos já não possam mais fazer o que é possível fazer hoje. Desta forma, minha sugestão é a seguinte: aproveitem os limites e façam bem o trabalho que estão fazendo, e continuem fazendo.

O conceito de autonomia é muito relativo, tão relativo que nós não somos absolutamente autônomos. Por exemplo, suponhamos que exista um grupo chamado "Grupo de Ação Cultural". Grupo sério, honrado, mas que precisa de fundos para trabalhar, porque ainda que conte com trabalhadores voluntários, o trabalho deve ser pago, senão o número de voluntários irá diminuir cada dia mais. Desta forma, consegue que algumas fundações européias os ajudem. Este é o momento em que a sua autonomia começa a correr risco. E eu não digo isto por ter vivido uma experiência[7] na qual estes organismos me condicionam. Não, isto não aconteceu comigo, sempre me respeitaram. Mas de qualquer maneira, às vezes, o grupo fica um pouco inibido e faz um relatório mais para satisfazer a Holanda do que para dizer a verdade. Eu acredito que a autonomia, por exemplo, deve ser defendida com relação à opção política do organismo que está fazendo a política educacional progressista popular.

Ou seja, é preciso deixar bem claro o seguinte: a partir daqui, desse núcleo, não concedemos nada, preferimos fechar a nossa organização a fazer concessões, e aí sim seremos autônomos. Para mim isto é autonomia. Mas isto não significa que não trabalhem com um setor progressista do Estado. Por que não? No Brasil, por exemplo, eu sou respeitado por várias tendências e segmentos partidários, eu sou um caso atípico, tenho uma certa projeção, minha presença é sempre uma presença política. Mesmo assim, eu jamais poderia aceitar assessorar o governo do Presidente Collor, jamais. Jamais pensaria em algo assim.

A luta pela autonomia política existe, não há dúvida sobre isso. Por exemplo, quando eu assumi a Secretaria da Educação em São Paulo, uma semana depois recebi um telefonema do Banco Mundial que estava em negociações com várias instituições do estado de São Paulo. Mas como a capital de São Paulo "é um Estado", "é um país", eles queriam ver se conseguiam reunir o Estado com a Capital. Telefonaram para mim de Boston e marcaram uma entrevista. Eu e minha equipe recebemos uma delegação do

---
[7] Paulo se refere à "Experiência de Angicos", no Rio Grande do Norte, em 1963, quando aceitou verbas vindas dos EEUU através do programa "Aliança para o progresso". Veja no livro de Ana Maria Araújo Freire: *Paulo Freire*: uma história de vida. Indaiatuba: Villa das Letras, 2006. Prêmio Jabuti, 2007, 2º. lugar na categoria "O Melhor Livro de Biografia". AMAF.

Banco Mundial, conversamos, e o presidente da delegação do banco disse: "olhe professor, nós temos cinqüenta milhões de dólares para emprestar para vocês, para a Secretaria da Educação" e acrescentou: "agora, existem algumas condições, a primeira é que o senhor também tenha cinqüenta milhões". E eu disse que muito bem. "A segunda" — continuou — "é que o senhor passe os seus cinqüenta milhões para alguns organismos não-governamentais" (imaginem vocês como alguns organismos não-governamentais também despertam interesse entre os neoliberais), "que o senhor passe os cinqüenta milhões para os organismos não-governamentais, eles não pagam, mas o senhor nos paga". "Terceiro" – disse – "nós emprestamos o dinheiro para um determinado tipo de trabalho... para escolas". "Quarto, que a maioria das educadoras que vai trabalhar com organismos não-governamentais, deve ser de pessoas não-diplomadas, não-formadas".

E eu disse: "olhe, o senhor sabe que 70% das professoras da rede municipal de São Paulo têm pós-graduação e que dos 30%, restantes, 20% têm curso universitário e que os outros 10% restantes são diplomadas?! E o senhor me propõe, agora que eu estou comprometido com um trabalho extraordinário, gigantesco, que vale milhões de dólares para ser posto em prática, para a formação permanente destas pessoas, o senhor me propõe isto agora?".

Depois continuei: "olhe senhor, isto não se propõe, nem sequer para as áreas mais carentes do Nordeste do Brasil, onde há carência de formação dos docentes. Agora, eu gostaria de fazer uma pergunta. Vamos admitir que o senhor me peça o que eu não lhe pedi: um empréstimo. Mas vamos admitir que o senhor me peça cinco mil dólares (este é o meu limite) e me prove, me dê indicações de que o senhor pode pagar. O senhor aceitaria que eu lhe dissesse: 'muito bem, eu lhe empresto cinco mil dólares, mas existem algumas condições, primeiro, com estes cinco mil dólares o senhor tem que comprar mil shorts feitos em São Paulo, duzentos da cor azul, trezentos estampados... e tem também que comprar duas mil gravatas feitas no Recife...'" E assim eu fiz uma lista de exigências para emprestar os cinco mil dólares e perguntei: "O senhor aceitaria isto?" E ele disse que não. Então eu respondi: "Como o senhor pensa que eu, que já fui preso, que já fui expulso do meu país e que escrevi um livro chamado *Pedagogia do oprimido* possa aceitar isto? O senhor pensa que eu não respeito o meu povo? Não, minha resposta é não... muito obrigado, eu não quero o seu empréstimo". E ele disse: "Qual é a condição para que o senhor aceite?" Eu disse que tinha duas condições: "a primeira, que jamais pague de volta o empréstimo, e a segunda, que eu faça o que quiser, sem dar satisfações ou enviar relatórios para ninguém. Estas são as duas exigências sem as quais, muito obrigado, não quero o seu dinheiro". E ele ainda me perguntou: "E se a prefeita Luiza Erundina aceitar?". Eu respondi: "Olhe, não existe 'sim' neste caso. Sabe por que Erundina me chamou para ser secretário? Porque sabia, antes de me chamar, que um dia uma proposta como esta seria recusada por mim. Foi por isto que ela me chamou, porque sabia que eu diria 'não' ao senhor ou a qualquer pessoa que faça este tipo de proposta. Mas supondo que Erundina tenha enlouquecido e dissesse que aceita, eu entregaria o meu cargo na hora e daria uma entrevista dizendo: Erundina está louca". E me levantei e ele foi embora com sua equipe. Isto é o que temos que fazer. Esta é a cara de dignidade que temos que assumir em nome do nosso povo e não somente em nome de nós mesmos, individualmente. Não seria eu se estive lá fazendo um discurso delicado... Eu não sou um homem estúpido, sou enérgico, mas eu tinha uma enorme responsabilidade como Secretário Municipal da Educação de uma cidade como São Paulo, enorme politicamente, diante de mim mesmo e do povo, e tinha que dizer NÃO a isto, porque isto não é uma coisa que se proponha.

Desta forma, eu lutei pela nossa autonomia. A clareza política nos diz que quando nossa autonomia está em perigo, quando pode prejudicar os interesses do povo, temos que dizer NÃO. Mas se forem outras as circunstâncias, não há porque não aceitar. Se o gringo me dissesse: "eu dou os cinqüenta milhões e não vou cobrar nunca mais", o dinheiro não tem nacionalidade e eu o aceitaria e o aplicaria muito bem.

Item 8: Aspectos metodológicos. A Educação Popular e a educação formal: sua possibilidade na educação oficial. Passagem da consciência ingênua para uma consciência crítica e o compromisso transformador.

Em resposta à questão sobre se a Educação Popular pode ser feita dentro das escolas públicas, eu diria que a Educação Popular não é privilégio apenas das atividades extra-estatais. Hoje em dia o discurso neoliberal está utilizando este argumento e atrai, inclusive, gente progressista para que, por exemplo, o Estado livre-se da responsabilidade de educar, de cuidar da educação. Eu tenho amigos no Brasil que há cinco anos gritaram com muita força que não deveria haver escolas privadas e eu dizia: "não, é um direito dos pais", e agora eles passaram para o outro extremo e dizem: "todas as escolas deveriam ser privadas e o Estado deve dar dinheiro aos pais para que os filhos se eduquem." Eu imagino a fila dos pais de família. E como seria feita esta distribuição? Nas escolas das comunidades, uma pessoa se reuniria com trinta alunos e no dia seguinte iria ao governo e diria: olha, eu tenho uma sala com capacidade para trinta crianças e o Estado imediatamente daria o dinheiro? Que história é esta? Não, não pode. Então, é possível fazer Educação Popular nas escolas públicas? É. Durante quatro anos nós fizemos Educação Popular da melhor qualidade dentro das escolas da Prefeitura de São Paulo. A questão, para mim, está mais no nível da clareza política da liderança, da coerência política que nós defendamos e de saber qual é o possível histórico, ou melhor, o que é possível fazer agora, historicamente, para que se possa fazer amanhã o que não foi possível fazer hoje.

Item 9: Algumas pistas-respostas para esta situação, desde a Educação Popular à proposta neoliberal na América Latina e seu conjunto para os nossos países

Eu acredito — e insisto mesmo que eu possa estar completamente errado — que o discurso neoliberal não durará muito. Há um ano eu observava que onde quer que houvesse uma eleição, em qualquer país do mundo, os candidatos progressistas estavam sendo derrotados. Agora eu acredito que começa a haver uma mudança e como eu disse ontem, eu estava lendo o jornal quando vinha para cá e se a eleição presidencial brasileira fosse hoje [setembro de 1992], Lula ganharia. Lula é o mesmo e ganharia de Collor por uma diferença de três milhões. Eu estou convencido de que, provavelmente, ele não ganhará daqui a dois anos, mas insisto no que disse: a vida de um país, de uma nação, de um povo, não se esgota em 20 anos, nem em 40 ou 50 anos e vocês sabem disso... e isto é uma coisa maravilhosa, porque isto implica certa humildade da nossa parte.

Quando alguém trabalha porque gosta, porque quer pôr as mãos nos resultados, é preciso estar preparado para o fato de que nem sempre se pode pôr as mãos nos resultados.

O fato de não poder ver os resultados no Paraguai, no Brasil ou no mundo não me torna um pessimista e nem me afasta da luta. Porque o que importa não é somente a minha mão em cima dos resultados, mas outras mãos, que serão mãos de outros Paulos, de outras Marias, mãos de gente. E acredito que a história vai mudar logo, logo. Mas eu não estarei aqui para ver. Esta é uma expressão que eu nunca disse e que também não devesse dizer aqui: "que os jovens de agora se encarreguem de fazer", porque eu também sou jovem e como jovem também tenho que lutar. E não tenho dúvida de que, dentro de algum tempo, eles próprios continuarão toda esta discussão.

É necessário que trabalhemos, é fundamental que comecemos. Por exemplo, que selecionemos um grupo que comece a escolher pedaços de discursos neoliberais que prometem, que dizem que não existem mais classes sociais, que tudo é harmonioso. Que selecionem, que guardem e anotem a data, o nome do jornal, o nome do autor e comecem a ler estes discursos nos grupos. "Olha, o fulano de tal que é candidato disse isso: será que é verdade, que todos e todas, homens e mulheres do mundo, são iguais?", por exemplo. Em primeiro lugar, quando começarem a fazer isto podem esperar uma reação dos neoliberais.

Nós precisamos ajudar o povo a descobrir que este neoliberalismo não o salva da miséria e que o autoritarismo socialista também não o salvou, mas o caminho socialista democrático feito por nós e pelo povo, construído, inventado, este parece que pode nos salvar a todos e a todas.

Obrigado.

Parte V
Uruguai

Entrevistas

Sobre educação, política e religião[1]

Araujo – Professor Paulo Freire... 68 anos... Professor da Pontifícia Universidade Católica de São Paulo, Professor da Universidade Estadual de Campinas, Secretário Municipal da Educação de São Paulo. Chegou a Montevidéu por ocasião da comemoração dos 15 anos do Centro de Pesquisas e Desenvolvimento Cultural.

— O senhor é autor de várias obras na área da educação: *Educação como prática da liberdade, Pedagogia do oprimido, A importância do ato de ler*, etc.

---

[1] Entrevista realizada por Neber Araujo e Graziano Pascale no programa "En Vivo y en Directo" [Ao Vivo e Direto], da Rádio Sarandí, de Montevidéu, no dia 22 de junho de 1989.

Se uma pessoa olhasse estes livros na vitrine de uma livraria poderia se perguntar: "Este homem é um pedagogo ou um ideólogo? É um educador ou um político?" Vamos começar por estes extremos...

Paulo – Muito bem... Eu tenho duas coisas para dizer ao começar esta conversa. A primeira: quando você disse a minha idade, minha mulher Nita — que está aqui ao meu lado — me cutucou porque ela defende o marido e, por conseguinte, ela mesma... Eu ainda tenho 67 anos... Ela defende estes três meses... 68 anos é um exagero...

A segunda coisa que eu quero fazer é cumprimentá-lo com muita alegria pela forma com que fez esta primeira pergunta. É a primeira vez que vejo, em uma entrevista de rádio ou TV, uma introdução tão bonita, tão crítica...

Na realidade, existe esta confusão. Muita gente se pergunta e me pergunta duvidando que eu seja, realmente, um pedagogo e enfatiza — com certa raiva — que ao invés de ser um pedagogo, eu sou um ideólogo, um político. Ao propor isto, você retoma uma das principais críticas feitas a mim pela direita do meu país e me dá a oportunidade de esclarecer a questão com poucas palavras.

O que é um pedagogo? Um pedagogo é um homem ou uma mulher que pensa a política educacional do ponto de vista teórico, filosófico, crítico...

Às vezes, não está envolvido na própria prática educativa, o que é ruim, mas está envolvido na reflexão crítica desta prática educativa. Eu tento fazer as duas coisas: refletir sobre a prática educativa e vivê-la, desenvolvê-la.

O pedagogo é, então, um técnico-prático do que significa a educação, mas toda prática educativa é — por natureza — um ato político... Não estou dizendo que seja um ato político partidário, mas os educadores devem ter sua opção política. Eu pertenço a um partido político no meu país, mas respeito as opiniões políticas dos educandos com os quais trabalho. Minha prática docente não pertence ao meu partido; meu partido não tem o direito de pressionar essa prática... mas o que não podemos negar é que a prática educativa jamais é neutra: basta com que o educador se pergunte a favor de quem ele é um educador e, ao fazer esta pergunta, preparar-se para perceber criticamente a impossibilidade de sua neutralidade...

Araujo – Ou seja, para o senhor não existe o pedagogo técnico, acético...
Paulo – Eu diria que não existe ninguém assim, não só o pedagogo. Não existe o físico, o matemático, o biólogo, o padre, o bispo... Não existe ninguém... Isto de dizer: "Eu estou no mundo a favor dos interesses da humanidade" é uma mentira... É pura ideologia.

Araujo – E o senhor está a favor de quais interesses?
Paulo – Eu estou a favor dos interesses das grandes maiorias exploradas do meu país... É com elas que eu estou...

Araujo – Então, para o senhor, a educação deve ser — como sugerem os títulos dos seus livros — um instrumento para corrigir os desequilíbrios que castigam as maiorias...
Paulo – Você disse muito apropriadamente "um instrumento". Seria totalmente ingênuo se eu dissesse que a educação é "o instrumento", se eu dissesse que é "a plataforma" para a transformação social... Não é... Mas é algo dialético, contraditório. A educação não é a plataforma da transformação, mas a transformação social precisa da educação.

Araujo – Para ficar definitivamente claro: qual é a diferença — sob o seu ponto de vista — entre a educação e o que é doutrinamento político?
Paulo – Muito bem... parece que você fez uma boa leitura das minhas obras...

Araujo – Em verdade, não li seus livros... Só alguns artigos... Mas os títulos dos seus livros são muito provocativos...
Paulo – É uma pergunta fundamental para compreender o meu pensamento. Toda prática educativa *implica*, primeiro a presença de um sujeito que chamamos "educador", em

segundo lugar a presença de outro sujeito que chamamos "educando", e em terceiro lugar certo conteúdo ou objeto que media os dois sujeitos. Dou um exemplo concreto: em um curso, eu sou o sujeito educador, existem os sujeitos educandos e existe um objeto: a compreensão crítica da pedagogia. Caberia, junto com os alunos, analisar este objeto para logo definir os conteúdos programáticos concretos. A prática educativa implica também certos métodos e técnicas usadas pelo educador e, que devem, através dos educadores, facilitar a aproximação ao objeto do conhecimento aos sujeitos envolvidos no processo de conhecer.

Existe um quinto elemento: toda prática educativa implica certos fins, certos objetivos que ultrapassam a própria prática. Este aspecto, externo à prática e ao mesmo tempo dentro dela, é o que constitui a sua natureza. Isto não permite a existência de nenhuma prática educativa que não seja diretiva: toda prática educativa direciona-se para alguma coisa.

Isto não significa que sendo uma prática direcionada, seja manipuladora... É por natureza diretiva, mas, às vezes, torna-se ideológica e autoritariamente manipuladora. Minha posição é a seguinte: eu vivo a natureza diretiva da prática educativa e sou democrata; não manipulo os educandos, mas não deixo dúvidas: enquanto estou trabalhando, faço o possível para converter os educandos à minha verdade. Este é um direito, não?

Araujo – Estávamos falando desta assepsia, deste enfoque técnico da pedagogia que muitas vezes se procura e desta pedagogia comprometida que o senhor defende. O senhor diz: "Quando eu ensino dou tudo e coloco a minha parte..." No Uruguai, a laicidade é uma bandeira levantada há muitas décadas e que é tratada com muito cuidado. Defende-se que o educando tenha acesso a todas as peças do quebra-cabeça e tenha a liberdade de montá-lo.

Escutando-o, tenho a impressão de que o senhor entrega todas as peças e dá o quebra-cabeça montado...

Paulo – Não... juro que não... (risadas). Mas a pergunta é boa, é uma espécie de armadilha para ver se eu caio, uma provocação... O que eu faço é propor diferentes posições, diferentes hipóteses e diferentes posturas para os meus alunos. Obviamente, eu também proponho a minha postura; eu não tenho porque esconder as minhas posições para os meus alunos: eles ou elas não me respeitariam, pensariam que tenho vergonha de dizer as coisas pelas quais luto...

Araujo – O senhor sabe quanto pesa o pensamento, as idéias, as coisas que um professor diz, sobre os seus alunos...
Paulo – Sim... Precisamente por isso o professor não pode escondê-las e precisa dizer aos estudantes: "reconheço que culturalmente, a palavra do professor pesa, mas é preciso que vocês aprendam a medir o peso da palavra do professor. Não se deve escutá-lo só porque ele é o professor..." E para dizer isso, é necessário dizer aos alunos como ele pensa.

O professor não é uma figura estranha que caiu do céu por acidente; é um homem ou uma mulher como os estudantes. É a mesma questão dos pais, também. Não existe ninguém que tenha mais influência sobre os filhos do que o pai e a mãe. Será por isso que o pai deve esconder dos seus filhos a sua opção desde o ponto de vista religioso, político, musical, desde o ponto de vista do futebol, inclusive? Será que se meu filho perguntar para mim, que sou brasileiro: "Papai, entre todas as seleções de futebol do mundo, para qual você torce?" E eu responda com voz solene: "Não digo para não te influenciar" (risadas)... Isto é uma bobagem...

Araujo – Mas não são perigosas as misturas?
Paulo – Mas existe na espécie humana algo que não seja perigoso?

Pascale – Há alguns instantes o senhor destacava seu direito de convencer, não de se impor, mas de convencer os seus alunos. O senhor tem uma longa experiência de contato com os estudantes... Que balanço faria deste período em que exerceu este direito de convencer? Que respostas encontrou?

Paulo – Agora, com a sua entrada na conversa, gostaria de vir todos os meses a Montevidéu para conversar. Esta pergunta se refere a um aspecto muito próprio da minha vida, da minha experiência vital, mas não é fácil de responder. Em primeiro lugar porque a resposta é muito pessoal. Por outro lado, não é fácil para um homem como eu, pouco metódico, que não guarda estatísticas... Mas existem cartas lindas que recebo falando sobre como, através de uma conversa, um seminário, um curso ou através da leitura dos meus livros, sem sequer me conhecer, existe uma influência...

Há alguns dias falei em Campinas para um grupo de professores sobre a paixão de educar. Depois um grupo de jovens de várias idades aproximou-se de mim. Um deles pediu permissão para me beijar e disse: "Olha Paulo, você mudou o rumo da minha vida... Um dia, em 1981, eu te fiz uma pergunta no corredor da Universidade e você me deu uma resposta que mudou definitivamente a minha vida..."

Eu peço desculpas por estar contando estas histórias já que pode parecer falta de humildade. A humildade no educador é necessária; a experiência de humildade marca os alunos. O educador deve ser um homem ou uma mulher que trabalhe muito bem a humildade...

Eu me considero um homem feliz, não porque pense que tenha feito muitas coisas e nem coisas excepcionais. Sou feliz porque sei que fiz pouco, mas fiz apaixonadamente o pouco que fiz e exerci influências que considero fundamentais do ponto de vista humano. Estou contente... Dentro de alguns anos, espero que em muitos, vou morrer, mas vou morrer satisfeito...

Araujo – O senhor é professor da Pontifícia Universidade Católica de São Paulo. Isto significa que é católico, que acredita em Deus?

Paulo – Acredito em Deus... Mas a PUC-SP é um dos espaços mais livres do Brasil. Não é preciso ser cristão para trabalhar ali. Tenho grandes companheiros docentes que não são cristãos e são muito respeitados. Como cristão, tenho uma forma muito pessoal de pensar. Estou convencido de que os cristãos que censuram os que não o são, que censuram um filme porque aparece uma linda perna de mulher, que censuram alguém porque fez amor com outro... essa gente não acredita em Deus. Se acreditassem, não precisariam fazer tanta força para que outros acreditassem... São pessoas que tem mais medo do que amor. Eu rejeito este tipo de religiosidade com todas as minhas forças...

Araujo – Eu queria voltar um pouco ao início desta conversa, aos seus livros Educação como prática da liberdade, Pedagogia do oprimido, A importância do ato de ler... Libertar-se do que? Quem é o opressor? Libertar-se de uma situação econômica, social, cultural... ou mudar todo um sistema político... Como podemos entender isso?

Paulo – É tudo isso que você disse e mais um pouco. É preciso deixar claro que o processo de libertação é um processo permanente. Com isto, eu quero dizer que nós, homens e mulheres, somos muito mais "projetos", "processos", do que coisas terminadas. Por isso afirmo que "ninguém é", "todos estamos sendo". Mas estamos sendo em uma realidade que também está sendo, uma realidade que muda constantemente. Nós, homens, nos construímos nas contradições da realidade histórica. Nossas idéias são forjadas, constituídas na prática material, social, histórica e cultural da sociedade. Isto não significa que, porque o meu pensamento é influenciado pela realidade, não possa transformar esta realidade que condiciona a minha forma de pensar.

Araujo – E quais são os limites e instrumentos para essa transformação?

Paulo – Em primeiro lugar, esta transformação não é tarefa de uma pessoa nem de alguns "iluminados". É uma tarefa social, uma tarefa de grupos, de classes, que se organizam em solidariedade, que se capacitam ao mesmo tempo em que se envolvem em um processo de transformação política. Acredito que este é um problema ético, porque todo problema político é um problema ético.

Se você me perguntar por que eu me comprometo assim, tão radicalmente desde a minha juventude até hoje neste processo de transformação, eu responderia: "Por acaso eu seria feliz sabendo que todos os dias milhares de crianças morrem de fome no meu país? Será que isto não é uma profunda falta de ética? Onde está a moralidade desta sociedade?"

Eu acho uma bobagem que a Igreja tente proibir as pessoas de assistir a determinado filme em uma sociedade onde todos os dias milhares de crianças morrem de fome... é preciso fazer uma crítica a este governo, lutar para destruir estas estruturas. É uma vergonha para todos nós dormir em paz em uma sociedade na qual crianças, jovens e adultos morrem de fome. No Brasil existem oito ou nove milhões de crianças em idade escolar que não têm escola... milhões de adultos sem saber ler nem escrever a palavra... Isto é falta de ética!!! Então eu diria que meu primeiro impulso é de natureza ética.

Para mim não serve acreditar em uma transcendência e ficar de braços cruzados esperando que a transcendência transforme o Brasil... Ela não virá... A transformação social do Brasil é tarefa dos brasileiros e das brasileiras... Até agora, Deus não fez reforma agrária em nenhum país: são as mulheres e os homens os que devem fazê-la.

Araujo – Professor Paulo Freire, lamentavelmente acabou o nosso tempo. Parabéns ao CIDC por seus quinze anos e também pelo convite que fez a esta personalidade com a qual tivemos a honra de conversar para concordar, discordar, para educar-nos...

Paulo – E para educar-me...

Diálogo sobre educação, televisão e mudança social[2]

Entrevista a Sonia Breccia

Boa noite. **Estou muito contente em anunciar que esta noite e durante todo o programa vamos compartilhar a experiência de um homem que é hoje uma "lenda viva", tanto para aqueles que compartilham as suas idéias, quanto para os que delas discordam.**

Ele nasceu há 67 anos na cidade do Recife, este lugar já mítico do Brasil por sua pobreza, sua miséria, seus desafios para o presente e para o futuro. Durante estes 67 anos participou da história da educação brasileira, mas projetou-a em direção ao futuro com livros como *Pedagogia do oprimido* e *Educação como prática da liberdade*, que foram traduzidos em tantos idiomas...
 É professor em São Paulo e também Secretário da Educação desta cidade. Chama-se Paulo Freire e é com ele que teremos uma entrevista que é para os nossos telespectadores

---

[2] Entrevista realizada no dia 22 de junho de 1989, no Canal 5, do Uruguai, para o programa de televisão "Hoy por Hoy".

concordarem ou discordarem de sua visão de homem, de sua compreensão da educação como prática da liberdade. Queremos fazer uma reflexão sobre a televisão que diz respeito a você, como telespectador e cidadão, e que diz respeito a nós, que trabalhamos e fazemos este veículo.

Começamos, assim, nosso encontro com Paulo Freire...
Eu nasci realmente em uma região que é uma das mais problemáticas do mundo. Recife é uma cidade que vive uma tragicidade que é verdadeiramente trágica, com uma imensa população marginalizada que vive de "restos".

É lamentável assistir a uma "exótica" notícia na qual homens, mulheres e crianças procuram restos para comer em certas áreas da cidade onde o lixo é jogado... Se um de nós fizesse isto certamente morreria em dez minutos porque nosso corpo não tem imunidade para tanto: a imunidade do corpo é, sobretudo, a imunidade da classe social a qual o corpo pertence. Eu estou absolutamente convencido disto.

Quanto mais pobre se é, mais imunidade se tem?
O corpo tem certo tipo de imunidade por necessidade de preservação. Existe certa sabedoria na natureza. A questão da fome é muito discutida, muito debatida e muito pesquisada no Brasil: a relação entre a fome, a má-nutrição e o aprendizado. E já houve quem dissesse que a fome provoca uma deterioração da capacidade cognitiva da criança, mas isto não é verdade.

Naturalmente que a má-nutrição prejudica o processo de aprendizagem, mas não provoca outra natureza na criança. Isto é muito interessante: há dez dias uma professora brasileira especialista falava em Campinas sobre como organismos totalmente submetidos a este tipo de restrição se defendem, ou seja, o corpo é menor, mais baixo e a partir disto defende-se da desnutrição, da incapacidade cognitiva... A vida humana é misteriosa....

Voltando à sua primeira pergunta: claro que ao nascer nesta região e nesta cidade, desde muito cedo eu convivi com o desafio da miséria. Eu também passei um pouco de fome quando criança, mesmo pertencendo a uma família de classe média. Eu experimentei limitações durante a grande crise da depressão dos anos 30. Minha família, uma família de classe média, sofreu os reflexos desta crise e tivemos dificuldades muito grandes. Eu me referi a isto simplesmente para enfatizar algo que aconteceu comigo, mas eu não diria de maneira alguma que eu nasci predestinado... Nada disso, porque, no fim, nós nos fazemos socialmente, não nascemos "sendo". Eu tive uma situação muito interessante: por um lado, devido a minha posição de classe, eu convivia com crianças que comiam bem, que se vestiam bem, que estudavam, e do ponto de vista da necessidade da família e da fome, eu convivia com várias crianças que não comiam, que não dormiam bem, ou seja, com as crianças das "favelas".

Eu fui uma espécie de "criança conectiva", de "criança conjunção". Eu fazia a ligação entre duas classes sociais, mas, naturalmente, sem compreender esta questão. Mas o fato de eu sair de uma casa onde se comia muito bem e entrar em uma casa na favela onde nem sequer se comia, fazia com que eu me perguntasse o porquê disto. Eu não tinha uma resposta, mas estava convencido de que havia muitas coisas erradas no meu país e a rebeldia me ensinou isto.

Eu diria que hoje em dia, refletindo de maneira adulta, a questão ética sempre me afetou e continua a me comover muito. Preste atenção que eu disse a questão ética e não o puritanismo, não o moralismo, porque eu tenho horror ao moralismo, mas acho que é inviável uma vida sem ética. A questão ética sempre me estimulou e eu me perguntava muitas vezes se era possível que tanta gente dormisse bem, vivesse bem, com tanta miséria em volta. Desde criança eu me perguntava essas coisas, me educava, prenunciava o homem que, muitos anos depois, escreveria a *Pedagogia do oprimido*...

Então, ainda que eu não afirme que sou e fui absolutamente determinado pelas estruturas sociais, culturais, econômicas e ideológicas da minha trágica região nordestina, eu diria que provavelmente, se tivesse nascido em São Paulo, não teria escrito a *Pedagogia do oprimido*, a não ser que eu tivesse nascido recentemente, porque São Paulo também vive hoje uma situação dramática.

Quando alguém pensa nestas coisas que o senhor diz, quando pensa nessa gente que come ou que comia restos e ao mesmo tempo pensa nessas favelas, para fazer uma referência à sua realidade e onde nascem crianças sem cérebro, poderíamos perguntar: o que mudou nestes anos? Quantos milhões de despossuídos existem no seu país, quantos milhões de analfabetos?

Lamentavelmente hoje em dia está crescendo o número de analfabetos. Se eu não estou errado acho que aproximadamente 17% da população brasileira de adolescentes e adultos é analfabeta. Existe algo que também pode explicar isto. Em primeiro lugar, nós temos no Brasil oito milhões de crianças em idade escolar fora das escolas numa população total de 150 milhões de habitantes.

São oito milhões de meninos e meninas que deveriam estar estudando e não estão: o Estado não lhes dá escola. Obviamente que as estatísticas falam de oito milhões, mas não dizem onde encontraram esta cifra; certamente estas crianças não são as que nasceram em famílias felizes, mas sim, crianças das classes trabalhadoras que estão "proibidas" de ir à escola.

Infelizmente não tenho os números agora, mas existem milhares de crianças populares, filhos de trabalhadores sobretudo nos grandes centros urbanos onde a classe trabalhadora se organiza e luta, que estudam em escolas públicas. E o que acontece? Entre o primeiro e o segundo ano a escola pública reprova milhares delas, das crianças populares, que não aprenderam a ler e a escrever. Entretanto, as crianças que aprenderam de alguma forma a ler e a escrever e conseguem passar para o quarto, quinto ano, quando chegam ao quinto ano começam a ser reprovadas em geografia, matemática e história.

O resultado é que hoje no Brasil se você acompanhar uma geração que se matricula na primeira série do ensino fundamental, você constatará que apenas uma pequena parte dela completará o curso dentro dos oito anos regulamentares porque a maior parte da que entrou é expulsa da escola.

É triste ver como os especialistas chamam este fato: dizem "evasão escolar", como se as crianças tivessem dito: "vamos sair da escola"... As crianças não se evadem, elas são expulsas da escola e esta expulsão aumenta a cada ano o número de adolescentes e adultos analfabetos.

Desta forma, em um país como o Brasil, é preciso haver uma decisão política (porque esta é uma questão política e não pedagógica), para enfrentar o analfabetismo dos adultos e dos adolescentes e superar definitivamente estes obstáculos que as crianças têm pela frente em seus anos na escola.

Eu posso falar sobre isso com total segurança porque desde janeiro sou Secretário da Educação desta enorme cidade que é São Paulo, e estamos lutando para "mudar a cara da escola" em São Paulo, para fazer uma escola diferente, uma escola feliz.

Gostaria agora de perguntar como isto pode ser feito e também tratar de outro tema que acho que é uma das chagas do Brasil. Não pense que eu estou me intrometendo nessa realidade: para nós, é preocupante, doloroso, como se fosse nosso, o problema destas crianças de rua e sua carga de violência...

Antes de falar no enorme esforço que uma grande equipe de gente competente está fazendo para ver se "mudamos a cara da escola", gostaria de dizer algumas palavras sobre uma pergunta que você fez antes, quando comparou a minha infância aos dias de hoje e com razão disse: "Paulo Freire não mudou nada"...

Não sei se mudou, mas a sensação que passa é: mudou? O Brasil mudou?

Eu acho que você tem razão ao dizer isto... Existe um primeiro momento de explosão e de raiva que é válido e necessário e no qual nos perguntamos: mas nada mudou? Eu diria que mudou muito... Não o governo em si, não a decisão das classes que comandam, que dominam; para mim o que está mudando no Brasil e às vezes com uma rapidez enorme é a decisão que as classes populares estão tendo. Provavelmente ainda estão longe do ideal, mas não é por acaso que um partido como o PT chegou em dez anos ao governo de 36 cidades, incluindo São Paulo, que tem 12 milhões de habitantes.

Se ainda vai levar muito tempo eu não sei, e aqui eu não falo como militante do meu partido: falo como homem que procura pensar e compreender a realidade. A história social brasileira está mudando, às vezes com grande rapidez, às vezes também deixando-nos um pouco pessimistas. Existem momentos nos quais os fatos são tão horríveis que fazem com que nos perguntemos: será que mudou? Está mudando e eu espero que esta mudança se radicalize e caminhe no sentido de uma transformação mais substantiva e profunda.

Estamos realmente empenhados e comprometidos em refazer uma escola pública que durante todo o regime militar foi voluntariamente deteriorada pela ideologia militar que queria estragar as coisas públicas para privilegiar em sua política o essencialmente privado.

Hoje em dia temos que fazer... Ou melhor, o que temos que fazer hoje não é descartar as escolas privadas, mas sim resgatar a dignidade da escola pública. Na medida em que a escola pública voltar a ser o que era, as privadas permanecerão ou não; esta questão não me preocupa agora. O que sim me preocupa é transformar a escola pública em algo que ela deveria ser: uma escola séria, uma escola digna, uma escola na qual se ensine e se aprenda. Uma escola que, sendo democrática não seja democratista, que tendo autoridade não seja autoritária, que defendendo a liberdade não aceite a licenciosidade... Uma escola que construa, que possibilite às crianças criar e serem felizes dentro dela.

Isto não é fácil, é muito difícil. Nos primeiros seis meses de luta estamos constando enquanto secretário da Rede Municipal de Educação da cidade de São Paulo o quanto é difícil transformar tudo isto. A própria dificuldade nos desafia, assim como a compreensão dessa dificuldade por um grande número de pessoas.

Para que você e os telespectadores possam ter uma idéia, depois que comecei como Secretário, consegui uma contribuição — até hoje — de oitenta professores universitários da Universidade Estadual de Campinas (UNICAMP), da Universidade de São Paulo (USP) e da Pontifícia Universidade Católica de São Paulo (PUC-SP). São físicos, matemáticos, biólogos, sociólogos, filósofos, arte-educadores. Temos oitenta especialistas que trabalham conosco analisando hipóteses de mudança do currículo da escola.

É uma coisa linda, é um desafio que dá sentido à minha vida e que faz com que eu queira falar de maneira apaixonada sobre o que eu faço.

Você também comentou sobre as crianças de rua. Eu tenho alegria e um pouco de tristeza também... Esta coisa misteriosa entre alegria e tristeza, de ter um filho que é sociólogo e que é hoje, em São Paulo, um educador de rua (ele trabalha com crianças de rua). É uma coisa dramática e mais séria do que se imagina. Às vezes, as pessoas que estão um pouco distantes do fenômeno pensam que a solução seria colocar todas estas crianças dentro de um reformatório, mas isto é um absurdo porque as crianças também vivem uma experiência muito rica nas ruas.

A questão está em que temos que transformar não a cabeça das crianças, mas sim, as estruturas da sociedade. O que está errado não é a criança que fica na rua, mas a sociedade que possibilita que esta criança vá para a rua e é isto que ninguém quer ver. Querem falar contra a violência, contra o que fazem as crianças que roubam a sua carteira, que roubam as suas jóias... eu não estou defendendo isto, mas estou dizendo que estas coisas existem porque há uma razão fundamental para que elas existam. Então, ao mesmo tempo em que você como educador tem que dar alguma resposta a um fato como este, você tem que lutar politicamente para transformar as estruturas da sociedade que explicam este fenômeno.

Eu proponho que na próxima parte do nosso encontro analisássemos como se daria esta transformação, mas da ótica deste lugar e deste meio que é a televisão. O senhor sabe que

no nosso país as novelas brasileiras fazem muito sucesso... Sabemos que no Brasil as novelas chegaram a paralisar o país, a parar a nação, que as pessoas, por exemplo, mudavam o horário de trabalho; homens e mulheres... É assim ou não?
É assim...

Nesta última parte do nosso encontro com o pedagogo brasileiro Paulo Freire, o tema é a televisão. Entendo que quando o senhor estava falando justamente das mudanças necessárias, não seria uma armadilha falar deste instrumento tão criticado, tão amado e tão temido...
Como a televisão é utilizada no seu país e como o senhor pensa que ela poderia ser utilizada? O senhor gosta de televisão?
Então, surge a pergunta: este instrumento, a televisão, tem ou não um papel nesta mudança?

Em primeiro lugar, eu começaria tentando responder a sua pergunta que me parece ser muito boa e importante, dizendo que eu procuro ser um homem e um educador do meu tempo. Eu confesso que não posso compreender como um educador deste tempo pode negar a televisão, negar o vídeo, negar a computação, negar o rádio que, apesar de estar mais distante, continua, para mim, tendo uma importância fantástica de comunicação. Eu acredito que a televisão não acabou com o rádio de maneira nenhuma... É um outro discurso, um outro caminho para se comunicar, provavelmente mais humano que tecnológico, enquanto o caminho da televisão é mais tecnológico que humano... o que não significa que também não seja humano e que não possa ser ainda mais...

Para terminar a minha introdução, eu digo que adoraria trabalhar na televisão; provavelmente teria que aprender muito porque não sei quase nada sobre isso, mas adoraria trabalhar na televisão. Eu acredito que este mundo de ilusão é fascinante, mas se existe um mundo de ilusão que é profundamente real é este...

Como é isto?
Você pode ter um fundo como este que dá a impressão de

que é um bosque e isto é simplesmente uma sugestão de bosque, e corresponde ao telespectador recriar e brincar com a imaginação. No fundo, através do imaginário, vocês tocam o real... Existe uma relação enorme entre o imaginário e o real, o concreto... Entretanto, para este trabalho na televisão é preciso saber que não existe uma televisão neutra. Um meio de comunicação como este não pode deixar de ser eminentemente político e ideológico; o que pode acontecer é que quem trabalha na televisão, por exemplo, o jovem que opera a câmera, sabe a importância que ele tem com a câmera e poucas pessoas podem saber isso em suas casas... Porque ele e os que trabalham a imagem que ele manda para os telespectadores e telespectadoras podem selecionar a imagem que preferir, por exemplo, as minhas mãos assim... Isto tem certo significado, certo impacto, ou talvez não tenha... Então, um homem como ele pode tirar de mim, enquanto falo, uma outra possibilidade de me comunicar. Se ele não estiver de acordo com minhas posições ideológicas e políticas, se eu me distrair e me colocar em uma posição que pode me levar ao ridículo, ele pode fazer um "close" do meu eventual ridículo. Ele pode fazer o que quiser comigo... também pode fazer coisas formidáveis que ajudem a me comunicar... Além disso, o dono da televisão tem uma opção política e ideológica e não irá trabalhar contra a sua opção política porque gosta dos meus olhos ou da minha barba. Provavelmente se eu trabalhasse em Montevidéu permanentemente não teria quatro programas como este. Não por sua causa, mas por causa das forças político-ideológicas que estão por trás da televisão, por trás das câmeras. Isto tem que ser dito para que o povo saiba que não existe nenhuma inocência nesta atividade, mas o que me parece fundamental é que isto não é suficiente para que eu me recuse a dar uma entrevista... e a não gostar de televisão.

Eu acompanhei o seu raciocínio e existem dois pontos que me parecem importantes. O senhor confia tanto na importância do meio, na inteligência das pessoas e na sua própria capacidade de transmitir para saber que, inclusive

agora (falamos sobre hipóteses), por cima de interesses particulares (lembre-se que estamos em uma TV estatal), por cima desta câmera, que como o senhor bem disse, pode servir a estes interesses, por cima do entrevistador que eventualmente possa servir a estes interesses, existe um entrevistado e uma inteligência popular que podem ultrapassar isso.

Eu acredito que existe, eu aposto nisso, como educador e como político. Isto faz parte do meu tempo, não posso negá-lo, mas, pelo contrário, eu tenho que aprender a ser melhor no meu tempo e não será possível ser melhor ou mais eficiente no meu tempo se eu negar a televisão.

Meu sonho é, por exemplo, que chegue o momento de uma sociedade de tal maneira transformada e humanizada na qual talvez se diga que isto é uma utopia, e eu diga "Sim, é uma utopia..." Mas pobres dos homens e das mulheres que não sonham... E meu sonho é que um dia a televisão trate o povo com decência... Você sabe que me irritam profundamente as pessoas que fazem de maneira "científica", neutra, que trabalham na organização dos noticiários. Às vezes parece que não sabem o que estão fazendo. Juntam um monte de notícias do mundo inteiro e as "pulverizam". Ou seja, às vezes escutamos ao mesmo tempo a notícia sobre uma fulana de um determinado país que ganhou um concurso de beleza, depois uma notícia sobre a China... saem da China e falam sobre uma inundação... O que acontece é que milhões de telespectadores que vêem as notícias não têm tempo de olhar criticamente para compreender pelo menos uma delas, porque passam de um tema para outro com tal pressa que ninguém consegue compreendê-los. Isto não é por coincidência nem por incompetência de quem faz as notícias. Isto é sabedoria ideológica e política da classe dominante e isto acontece no mundo inteiro, não só no Brasil...

Repare, senhor Freire, como isto nos leva ao próximo presidente do seu país... e não sabemos quem será. Quando estive no Brasil no mês de fevereiro, Brizola encabeçava as pesquisas, ou seja, o processo ainda estava começando, a

campanha ainda não tinha começado, mas ele tinha 18% das preferências e em seguida e muito perto vinha Lula.

Nesse momento, havia um nome que não se conhecia e de quem há dois meses começamos a ouvir falar: Fernando Collor de Mello, um jovem de 40 anos que foi governador de Alagoas, que renunciou ao governo e agora está com 42%, enquanto Brizola tem 11% e Lula 8%.

Tudo isto pode mudar, mas perceba que estou levando esta argumentação ao seu terreno. A família de Collor de Mello é muito poderosa, muito rica e, além disso, dona de muitos canais de televisão, e uma das coisas que os comentaristas internacionais observaram no seu país é o extraordinário domínio de Collor sobre a comunicação...

Claro, eu concordo com você, mas para mim existe um ponto que é mais profundo, mas que não diminui em nada a sua observação sobre isso e é o seguinte: Collor está fazendo uma campanha moralista no Brasil, já que, há alguns anos (sobretudo depois dos governos militares, ainda que antes também), o país passa por uma experiência interessante, mas muito trágica que é a que eu denomino de "democratização da sem-vergonhice".

É algo terrível, ninguém acredita em ninguém, a palavra perdeu seu conteúdo de dignidade. Um homem público de responsabilidade diz uma coisa hoje, pela televisão, e nas suas casas os telespectadores dizem: "amanhã vai acontecer o contrário..."

Não existe confiança...

Não...! Não existe. E em um país que vive isto, escuta a promessa de Collor de acabar com isso e com aquilo... quer acreditar...depois não acredita nele... Bem, eu não tenho nenhum direito de dizer que Collor fala uma mentira, o que eu quero dizer é que as massas populares brasileiras, vivendo esta contradição, hoje exigem que se tenha vergonha, certa ética necessária sem a qual não se faz política. É uma demanda aos seus políticos, aos seus líderes. Agora, o que ele diz, bem difundido por um meio como este, a televisão, explica, no meu entender, a posição de Collor.

Minha impressão — e agora é a impressão de um partidário de Lula porque eu sou um homem do Partido dos Trabalhadores — minha convicção é que este quadro pode mudar, deve mudar, mas para que mude é preciso trabalhar muito junto ao povo e é preciso inventar novos caminhos de comunicação com as massas populares... Este é um meio extraordinário... A televisão é extraordinário meio de comunicação, mas é preciso que ensinemos, que aprendamos a vê-la com criticidade.

Eu confesso que o que me espanta às vezes é encontrar pedagogos, cientistas que têm medo da televisão, às vezes até repúdio. Não há como compreender isto, porque eu seria ingênuo se pensasse que a televisão é um instrumento neutro, absolutamente "bem comportado"... Eu sei que não é assim, mas não se pode perder a oportunidade de tê-la com um meio de comunicação a serviço da humanização.

Para terminar, permita-me Freire... eu estou pedindo ao senhor, como professor, este poder de síntese: fechando isto que o senhor acaba de dizer, gostaria de perguntar sobre o poder deste meio de comunicação do qual o senhor nos deu uma visão com a qual se pode concordar ou discordar, mas que é preciso levar em consideração: o senhor pensa que este poder é todo-poderoso, de tal maneira que faz os homens menos livres e nos "vendem" o candidato ou a fórmula que querem?

Não, também não é assim... Eu acredito que é um poder inegável, indiscutível, mas não tão potente como se pensava. Inclusive existem pesquisas nos EUA mostrando que certa ênfase nos comerciais leva o povo a uma posição oposta.

Agora, para mim é impossível negar a importância deste meio de comunicação. Pelo contrário: para mim, o fundamental é lutar politicamente para que este meio seja mais ético, que esteja mais a serviço dos explorados, dos dominados e para isto temos que mudar a própria sociedade e ao mudar a sociedade a questão ética e política que se propõe é não perpetuar neste meio de comunicação o gosto pela preservação, pelo *status quo*. Ou seja, em uma sociedade diferente, colocar este meio a serviço de torná-lo diferente: mais vivo e mais criativo.

Paulo Freire, eu agradeço a sua presença no "Hoy por hoy" nesta sua passagem por Montevidéu... Obrigado a você e ao seu canal de televisão pelo convite. Eu estou muito contente porque é a primeira vez que eu venho a Montevidéu e só hoje participei de duas entrevistas que me encantaram: uma, pela manhã, na Rádio Sarandi, e a outra contigo, agora à tarde. Muito obrigado...

Para o senhor, para todos... "Hoy por hoy"... Estamos terminando nossa conversa. Certamente vocês confirmaram os conceitos que tratamos no início: que é polêmico, discutível, muito querido por uns, muito combatido por outros, sempre essencial...
Deste modo, terminamos nosso encontro de hoje...

Publicações da Villa das Letras

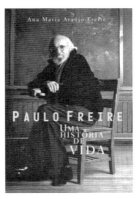

Titulo: Paulo Freire; Uma História de Vida
Autor: Ana Maria Araújo Freire
Editora Villa das Letras
1ª edição
Assunto: Biografia e Educação
ISBN 85 9991101-5
Código de Barras: 9788599911013
656 páginas - Capa dura
Formato 15,5 X 23

Prêmio Jabuti 2007
Melhor Livro de Biografia – 2º lugar

Resumo:
Biografia de Paulo Freire, escrita por sua viúva de forma apaixonada, mas com o rigor histórico contundente. Em suas páginas traz a trajetória de Paulo, desde a infância em Pernambuco ao Filósofo da Educação de alcance mundial.

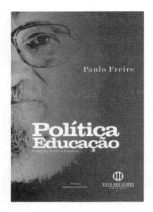

Titulo: Política e Educação
Autor: Paulo Freire
Coleção Dizer a Palavra
8ª edição Revisada e ampliada
(1ª pela Villa das Letras)
Editora Villa das Letras
Assunto: Educação e Política
ISBN 978-85 99911-07-5
Código de Barras: 97885 99911075
121 páginas - Brochura
Formato 14 X 21

Resumo:
O livro é uma coletânea de onze textos escritos em 1992 para apresentação e discussão em seminários realizados no Brasil e no exterior, tendo a reflexão político-pedagógica como *"uma nota que atravessa a todos"*.

Impressão e Acabamento
Bartira
Gráfica
(011) 4393-2911